大是文化

李勁 著

99%的人輸在不懂拒絕

拒絕的話要怎麼說，你優雅，他溫暖
或只用一個動作，
對方就自動放棄又不傷和氣

CONTENTS

第三章 最親近的關係是保持一定距離

CONTENTS

CONTENTS

推薦序

你不需要討好全世界，懂得拒絕，才是做人最高境界

口語表達專家、企業講師／王東明

生活中，每個人都害怕因為拒絕，而成為不受歡迎的人，也擔心會因為拒絕，傷了對方的心。因而一再的委屈自己做原本不想做、不願意處理的事情。職場上，若是拒絕主管某項交辦事項，不但要擔心自己年底的考核，主管會給個不理想的分數，或是沒在自己的考核表上美言幾句，影響到未來升遷。還要擔心日後在公司的發展是不是會因此而不再順遂？再加上市面上許多職場暢銷書都會寫到類似「多做事」不管是好、是壞都是種經驗累積……這類的文章，讓我們更加不敢拒絕，只能接受。

喬，是我在大學演講中，一直保持往來的學生。個子不高、個性活潑，是社團中學長姐的好助手、學弟妹心中的開心果，做任何事情都搶第一，主動協助社團中的大小事，即使假日也是如此忙碌。只要有人開口需要幫忙，喬一定會主動協助，是大家心目中的好人。

有一次聚會遇到喬，聊起彼此的近況。喬說她很累，社團活動大小事占了很多時間，沒能好好準備考試和論文，有可能會無法順利畢業，因此考慮是否要延畢。我聽了，忍不住對她說：「喬，如果妳不改變現在的做法，就算延畢一年，應該也不能順利畢業。」她聽了，很不解的問我：「老師，為什麼你會這樣說？」

我回她：「因為每次看到妳這麼全心的投入社團，為大家無私的付出，我都覺得妳已經像是刻意討好每個人，其實這是不對的。當妳習慣這樣做，妳會不自覺的越做越多，更加吃力不討好，而且占了妳太多的時間。自己該做的事情沒做，反而變成大家眼中的失敗者，妳要懂得對自己適可而止！」

「妳仔細想，妳之所以這樣的付出，是不是因為害怕自己在社團成員中的存在價值會消失，被邊緣化？妳不用現在回答，只要把我的話聽進去，以後妳就會懂我為何這樣說。」

若干年後，我在職場資訊產業的企業內部訓練中，巧遇了在教室當學生的喬。現在的喬變了很多，不是變壞，而是從她跟其他同學的互動當中，不再是當年會刻意討好、不懂說不、不會開口拒絕的那個喬。後來我們在臉書上開始私訊往來，她很謝謝我當年的那段「提點」，幫了她很大的忙。同時她也好奇，為什麼我可以一語道破，看得出她是個不懂拒絕的人？

我回她：「我只是從妳身上看到以前的我。那個不懂拒絕別人、做事做很多、累得要死，卻仍無法獲得尊重的我。這些也是多虧一個前輩提點我，一路上跌撞修正才能有這一點收穫」。

在這本《99％的人輸在不懂拒絕》中寫了很多生活與職場的例子。你可以先從願意嘗試說「不」開始練習，接著學習怎樣說「不」才能讓人接受且不失禮，同時還能留下好印象。如果你不想成為別人心中用完就丟的便利貼，你要懂得適時的說「YES」，也要懂得看場合時機說「NO」。推薦給大家，希望大家都能學會拒絕的技巧，讓自己變成一個有自信，勇於做自己的人。

前言 懂得拒絕，才是負責任的做法，真正的好人之道

不管自己有多忙，只要有人提出請求、邀請，你就會盡快放下手頭的事情？不管這會給自己帶來多少麻煩、不愉快和高昂的代價，你都會毫無原則的照單全收？你是這樣的「大好人」嗎？你有沒有因為接受了太多超出自己能力範圍的任務而應接不暇，感到分身乏術？這些令別人滿意的付出，是不是並未讓你真正感到幸福快樂？

這一個個問題擺在眼前時，你是不是覺得很累、很辛苦？明明已經為別人付出了一切，卻始終得不到令人滿意的結果，更無法贏得別人的認同；明明是對方請自己幫忙，他卻心安理得，甚至得寸進尺，這多麼讓人難以理解和接受！

實際上，造成這一切的原因，就是**你不懂得拒絕**！

或許你會說，助人為樂是件好事，為什麼要拒絕？

擁有好人情結，自然是件好事。但是做濫好人，往往會讓自己承受巨大的壓力。要知道，**每個人的能力都是有限的，不可能把所有的事情通通搞定**。所以，在接受請求時，一定要做出選擇，能接受的坦然接受，不能接受的斷然拒絕，這才是**負責任的做法**，才是真正的好人之道。

當然，拒絕別人並不容易。其中有許多影響因素：擔心得罪人、礙於情面，或是不好意思說「不」……無論何種原因，結果只有一個，那就是勉強答應下來，為了讓別人開心而選擇委屈自己。

其實這又何必？**你的人生你做主**，你有權選擇和決定自己要做什麼，你可以說「不」！這是你的權利。

如此看來，懂得拒絕確實是一種難得的能力。只有掌握這種能力的人，才知道怎樣更好的拒絕，以此去創造屬於自己的天地。

如果你正因為不懂拒絕而心生困擾，或是想要拒絕卻不知道如何表達得更好，那麼你可以讀讀這本書。在本書中，你可以檢視一下自己的心理，可以學會如何不委屈自己，也可以透過學習各種拒絕技巧，讓自己逐漸變成一個**懂得有效拒絕又不傷害對方**的人。

掌握一些拒絕技巧，不僅可以獲得更多的處世技巧和人際智慧，更能擁有獨立自主的精神。只要善用拒絕的權利，就能為自己創造足夠的獨立空間，做自己生命的主人。

| 第一章 |

不會拒絕？那是你的「取悅症」在作祟

拒絕別人就像是一道人生難題。這種現象背後隱藏的，是我們希望取悅別人的心理，是我們唯恐被人拒絕的擔憂。

1 好人其實只是「好用」的人

做好人做到過勞，變成佣人、庸人；想拒絕做好人，怕遭人埋怨，或擔心自己被誤會為不合群。這其實就是好人情結在作怪。

小朱辭職了，打電話向同事告別。同事很感傷，對他說：「小朱啊，我們都捨不得你走。以前你在的時候，這麼熱的天氣，你總會幫我們買清涼的飲料。現在你走了，留下一些懶人，可苦了我們。」聽到同事這一番話，小朱特別鬱悶。為什麼？因為他突然明白了自己被迫辭職的真正原因。

剛進公司時，為了搞好同事關係，小朱表現得很積極，做事勤懇。每天上班他都最早到公司，收拾桌面、清掃辦公室，還不時幫同事帶早餐。每逢假日值班，只要有人開口求助，他都願意幫忙，為此他變成了值班專業戶。小朱成了大家公認的「大好人」。後來，小朱的工作量逐漸增多，很快的他感到有些力不從心，覺得自己做得夠多了，想拒絕一些跑腿的事務，可是沒想到，別人的埋怨馬上就來了：「擺什麼架子？快去、快去，我們等著用！」礙於情面，小朱只好繼續替別人跑腿。

這樣的事情多了，難免出錯。有一次主管派他去車站接親戚，他實在無法拒絕，只好接受命令，不料剛出公司大門就被經理遇到。經理問：「你要上哪？」小朱不敢說實話，便答：「出去拜訪客戶。」後來經理知道了事情的真相，把小朱狠狠的訓了一頓，說他缺乏最起碼的誠信。小朱見自己的形象已毀，沒臉再待下去，只好遞出辭職信。

想想這番經歷，如此黯然離場，也難怪小朱會鬱悶。剛進公司時他若沒有順著那些懶人、沒有當濫好人，就不會有那麼多煩人的事，就不會落得如此下場。事實上，生活中很多人都會有與小朱類似的經歷和煩惱：做好人做到過勞，變成佣人、庸人；想拒絕，又怕遭人埋怨，或擔心自己被誤會為不合群。這種心理很矛盾，讓很多人無所適從。

這其實就是一種好人情結在作怪。何謂好人情結？簡而言之，就是認為只有透過做好人，才能得到他人的認可，獲得友誼。這是一種很複雜的心理現象，但非常常見，幾乎每個人都有過這樣矛盾的心理感受。

越想做好人就活得越辛苦

做好人當然是很好的，但如果走向極端，就會產生問題。這種極端的思維是怎麼來的？眾所周知，聽話、順從的人往往容易被貼上「好」的標籤。從小時候開始，父母、老師和其他長輩就不斷的告訴我們，要當一個好孩子、好人。多年的經歷和教訓，似乎也在告訴我們，只有好人才會受到人們的肯定、歡迎，被人接納。

我們的思維邏輯就這樣逐漸形成：「好」與聽話、順從聯結在一起，「好」與肯定、認可也聯結在一起。於是聽話、順從與肯定、認可聯結在了一起。

這還是正常的思維發展。但是隨後我們開始變得極端起來。因為進入社會，我們需要他人的肯定和認可，所以我們難免會想到聽話和順從。這就是你不懂拒絕、不敢拒絕、不善拒絕的原因所在。

我們逐漸放棄拒絕，而選擇接受和順從，並由衷的為自己能夠成為這樣的「好人」而倍感欣慰。別人誇獎我們一句：「哎呀，你真是個好人」，可能就會讓我們頭腦發熱、失去理智，糊里糊塗就答應了對方的請託和要求。等到反應過來，我們又後悔莫及、埋怨自己糊塗。

為了消除內心的挫折感，我們便會自我安慰：「我是好人，為什麼會有怨言？助人為快樂之本，能夠幫人家的忙，我應該高興才是。」這樣的自我肯定，多少有點兒自欺欺人的味道，但不可否認，它真的很有效。一時之間，我們被自己說服了，內心的好人情結得以強化。

雖然做好人很累、很苦，生活和工作壓力會很大，但我們的心裡有時可能還會覺得挺高興，樂在其中，回味無窮，並進行積極的自我讚賞。這些自我讚賞和肯定，會不斷強化我們心中的好人情結。經過一次次的自我強化，我們「進階」了，從好人變成濫好人，服從、接受成了我們一貫的原則，從此再也不會拒絕他人。

濫好人永遠在討好別人

習慣的思維模式和行動模式一旦形成，濫好人便總是把別人的需求放在第一位，始終在爭取周圍每個人的認可，努力想讓每個人都高興。他從來不會對別人說「不」，可謂有求必應，急人之所急。即便自己的事情忙不過來，他也會答應他人的請求，幫助他人做事。他總是希望滿足每個人的需求，讓對方滿意。

濫好人往往助人為樂，任勞任怨，具有良好的服務意識和犧牲精神。他們的確會被人們稱讚，然而他們的生活似乎並不好過，因為不懂拒絕、不會拒絕，他們時常陷入忙碌的事務中，焦慮的活著：既為自己的事情擔心，又為別人的事情操心，這樣怎能不焦慮？

但是我們都知道，人力有時而窮，無論是個人能力，還是個人精力，都不是無限的。面對無數的求助、請託和要求，也會有吃力的時候。那會怎樣？身心痛苦之餘，他會想要拒絕，但他的思維和行為習慣裡就沒有「拒絕」這個詞，因為他**總覺得要是拒絕幫助別人的話，那之前辛苦建立起來的**

好人形象，可能會就此被破壞掉。這種認知普遍存在於濫好人的身上，拒絕他人成了破壞自我美好形象的舉動，有這樣的認知，又怎麼可能去拒絕呢？

於是，面對種種請託和要求，來者不拒、照單全收，最終累得半死。不可否認，這樣做可以獲得別人的好感，並且可以避免跟別人發生衝突，但是付出的代價太大了。由於濫好人不懂拒絕，所以別人可能會利用他的好心好意，甚至欺騙他。為了始終保持好人形象，他不願表現出憤怒和不悅，不管這樣的情感表露多麼正當。長期壓抑自己的不良情緒，容易心理不平衡，變得扭曲和怪異。

濫好人的形象通常都有扁平化的特點，**給人平庸的感覺**，讓人覺得這樣的人缺乏深度。濫好人確實不會讓人討厭，但性格沒有清晰的稜角或輪廓，很少給人留下深刻印象。著名作家珍．奧斯汀（Jane Austen）的描述準確的刻畫了人們對濫好人的印象：「她不過是個好脾氣、熱心腸的年輕女人，我們很難討厭她，因為我們根本沒把她放在眼裡。」**濫好人因為缺乏個性，常被人們忽略，甚至成為無關緊要的人**。基於這樣的認識，濫好人常被當作庸人和佣人，那就一點兒都不奇怪了。

想一想，你的好人情結嚴重嗎？如果特別嚴重的話，就要注意鍛煉自己的拒絕能力。按照著名心理學家榮格（Carl Gustav Jung）的理論，情結屬於無意識範疇，這就意味著我們要改變情結的負面影響會有很大的難度。你做好準備了嗎？

2 「能被人利用，至少證明我還有價值」？

因自己的缺陷而自卑，便期待透過討好他人來重拾信心和勇氣。這是一個愚蠢的辦法，表面上有效果，但實際上會讓你更沒自信。

蘇西在當地的一所學校教五年級，她自己的孩子也在那裡就讀。她還是學校的優良教師，備受上級好評。儘管工作忙碌，平時回到家，她依然自己下廚，每天都為丈夫和孩子們準備豐盛的晚餐，有時還會為丈夫的客戶做飯。她還加入了某個慈善組織，並且負責大部分的工作。

蘇西看起來活力四射，精力似乎也很充沛，然而令人沒有想到的是，她竟然去了身心精神科診所。怎麼回事呢？她告訴心理醫生，她都不記得自己最後一次對別人說「不」是何時了。她說她現在的壓力很大，可能無法再這麼勞碌，需要放下一部分工作。可是她的內心又充滿憂慮，擔心失去自己辛苦建立起來的生活。

從小蘇西就為自己的體重而頭疼，現在她更加著急了，對心理醫生說：「按照健康體重的標準，我足足超重十八公斤，好不容易減掉了又會反彈，反反覆覆，都不知道多少次了。」她如此在意自己的體重，是因為擔心被別人取笑和嫌棄。

她說：「小時候其他孩子都取笑我，叫我『矮冬瓜』、『肥妞兒』。他們嫌棄我，不願意跟我玩，我很希望能夠加入他們。爸爸、媽媽告訴我，只要妳對其他人好，其他人自然就會接受妳，跟妳玩。於是我對別人格外好，盡可能讓別人滿意，這樣做真的很有效。如果我放棄這樣做，不能讓別人滿意，他們肯定會因為我的樣子而嫌棄我。」

長大後，她始終沒有改變這樣的認知，她一直很努力的對別人好，希望能讓別人滿意：「我樂意為別人做事，只希望他們不會因為嫌棄我的樣子而疏遠我。即便明知道對方在利用我，我也不會拒絕。我認為能被別人利用，其實就證明了我的價值。」

很明顯，蘇西陷入了不懂拒絕的境況，我們姑且稱之為「不能拒絕症」。為了能夠獲得他人的肯定，小時候，她就拚命討好他人。長大了，儘管她的能力不凡，積極做事、很有活力，似乎沒有什麼問題，但她依然沒有走出幼時的困境，因為她做事的動力依舊是討好他人，以獲得他人的肯定。她是透過這種方式，來建立自己的自尊和自信的。

自尊是乞討不來的

講到這裡，想必你會感覺有些問題，同時也會發現自己似乎也有這方面的困擾。是的，你的感覺沒有錯。問題就在於透過討好人、取悅人的方式，建立自己的信心和尊嚴。**因為自己的缺陷而自卑，便期待透過討好他人來重拾信心和勇氣**。這是絕大多數人的做法。但是在此提醒，**這個愚蠢的辦法表面上有效果，但實際上會讓你更沒信心。**

通常我們每個人都會有點自卑情緒，這種自卑源自於多個方面。其中最為普遍的來源，就是自身的一些缺陷。缺陷包括生理上的缺陷和心理上的缺陷。因為各式各樣的缺陷，我們感到不光彩，因此難免有幾分擔憂和自卑情緒。

這個時候，不少人便會像蘇西一樣，擔心別人會因自己的缺陷而嫌棄自己，然後基於好人情結的認知模式，便會覺得自己要討好別人，讓別人滿意，這樣才能獲得認可。用心理學的話說，就是把有關自我的消極情感投射到別人身上。他們還可能用討好進行防禦，以補償自己所認為的外表或性格上存在的嚴重缺陷。

其實真正的缺陷不在於外表或性格，而在於採取的應對策略。為了避免他人因缺陷而嫌棄自己，便放棄拒絕，努力做事去迎合對方、討好對方。表面上這樣做能改善人際狀況，但實際上自己的自尊也在不斷的被侵蝕。

想像一下，一個沒有拒絕能力的人，**在不斷的接受和服從當中，逐漸的丟棄自尊**，為別人的需求而活，這樣真的好嗎？所以企圖透過取悅於人、討好他人、獲得他人的尊重和認可，是不可靠的。你認為自尊可以透過乞討獲得嗎？顯然這是不可能的。

即使對方真的認可你討好他的做法，你的自尊仍會受到削弱，因為你會把他的認可歸功於你為他做的那些事，而不是你作為一個人的價值。你會想：他之所以喜歡我，僅僅是因為我對他好，為他做了很多事。有這樣的想法，你的自尊如何建立呢？

更何況，如果在你討好人時，別人還嫌棄你、不認可你，那麼你的錯誤觀念就會得到印證，使你更加堅定的認為你根本就不配得到別人的認可。這無疑是在自己的傷口上撒鹽，你的傷口會變得更深。

認可自己，才會有尊嚴

生活中還有不少的人，面對他人的冷諷和虧待，總希望透過為對方做一些事情，以討好對方，從而贏得對方的重視。殊不知，這種**討好行為很可能會使對方希望你為他做更多的事情**。

這種情況最常見於情人鬧彆扭時。當我們為了讓情人回心轉意而刻意做一些討好的行為時，等來的往往不是對方的回心轉意，而是得寸進尺，他會要你做更多事情來討好他，或者直接一去不復返，讓你陷入深深的後悔中。

相反的，當你能夠堅定的拒絕情人的無理取鬧，不刻意討好時，卻可能會讓他對你另眼相看、慎重的對待你。這大概是情人相處中的「特異心理學」吧。

其實這種奇怪心理在普通的交往中同樣會有：當你對他好時，他可能懶得理你；當你對他不理不睬，他則可能會心生不甘，反而對你產生一絲興趣。當你拚命做事討好他時，他可能會覺得你這個人真是傻、好指使、沒頭腦；可你要是埋頭做自己的事情，而不去討好他，甚至拒絕他，他反而會覺得你與眾不同、做人有原則、有膽量和氣魄，因而對你表示尊重。

所以**不要期待透過討好人來獲得他人的尊重和認可，更不要將自尊建立在他人的認可之上**。你最需要得到的認可，源於自己，而不是別人。**別人的認可無法讓你擁有尊嚴，只有你認可自己，才會有尊嚴**。當你著手處理讓你感到羞恥和慚愧的問題，並把你作為人的本質價值跟你的缺陷區分開來時，你的自尊傷口就會開始癒合。

一個人能夠獲得尊重，是由於他所具有的獨立精神人格和自主能力。尊嚴和信心的建立，同樣基於獨立自主的意識和能力，任何依靠討好人獲得他人的認可所建立起來的自尊感，都是虛幻不實的，隨時都會被他人的否定擊潰。

3 當付出成了習慣，就不會被珍惜

我們不能把人生全部交給「接受」、交給「付出」，而應將其中一部分交給「拒絕」、交給「收穫」，這才完整。

許多哲學大師告訴我們，要學會接受、學會付出，但是接受太多、付出太多，並不一定是好事，尤其是**當接受和付出成為習慣時，你可能會失去人生的自主權**。如果你不想被別人當作佣人而無視，就不要讓接受和付出成為習慣，有些時候要學會拒絕，這樣對方才會明白美好生活得之不易。

習慣這個東西，就和時間一樣，具有改變一個人的強大力量。生活中很多事情都是這樣，你習慣這麼做，然後別人就會習慣這麼做的你，當彼此習慣了，也就不覺得有何特別了，那麼你**原本為了獲得別人的認可而做出的突出表現，最終也會被習慣變成「應該」**。這個時候，你難免就會感到委屈。

我們可以接受生活中的磨難和痛苦，接受各種不順，但是我們不能總是一副接受的樣子。那樣的話，我們身上的負面能量就會變得越來越多。過多的負面能量會讓我們匍匐於人生路，壓抑我們的自主靈魂，使得我們失去昂揚的精神和鬥志。

所以在接受和付出即將成為習慣時，要懂得及時喊停，懂得說「不」。我們不能把人生全部交給「接受」、交給「付出」，而應將其中一部分交給「拒絕」、交給「收穫」，這才完整，也只有如此，我們的自主意識才會成長。

當你付出的愛，被視為理所當然……

蘇拉是個家庭主婦，家裡全靠丈夫賺錢養家，所以她相信自己有責任從丈夫進門那一刻起，就照顧好他，直到他上床睡覺。同時，她認為家裡面的瑣事應該由自己負責，不讓丈夫操心。家裡除了丈夫，還有四個孩子。因為蘇拉小時候家境比較困難，父母分別上白班和夜班，所以她那時的內心充滿孤寂，很希望能夠得到父母的陪伴。現在她成了母親，對自己的孩子特別好。為了讓孩子們可以自由成長，取得好成績、過得開心，她包攬了所有的家務活，不讓孩子們幫忙。

但是蘇拉對丈夫和孩子的百依百順，卻沒有給她帶來好心情。多年來她努力滿足家中每個人的需求，從來沒有要求過家人的幫助或支持，這本來讓她很自豪，但是後來發生的事情，讓她倍感沮喪。

她患病住院治療。醫生囑咐她，回家之後要臥床休養兩個月，不宜勞動。蘇拉回到家，卻遭遇了令她傷心的一幕：丈夫和孩子沒有親切的問候，也沒有高興的祝福，相反的，他們對蘇拉生病所帶來的麻煩深感惱怒和怨恨！

原本蘇拉為自己生病而拖累了家人，心中還充滿內疚，但是看到家人的不滿，她心中的內疚頓時化為了怒火：自己過去辛苦的付出，難道換來的就是這樣的結果？為了應付眼前的困難，蘇拉將母親從老家請來，以幫助自己照顧家人。

等她恢復健康後，她便把家人叫到一起，充滿遺憾的說：「下面我說的話，可能會讓你們感到不舒服，但是我還是要說出來。兒子、女兒，你們調皮搗蛋沒關係，但你們不能太自私；老公，你被慣壞了而不懂得感恩，這完全是我的過錯。但是從今天起，我們家的一切將變得不同。」

孩子們和丈夫聽她說這些話，都驚呆了。蘇拉說：「從現在開始，我不會再對你們有求必應了，直到你們每個人都能承擔起照顧彼此的責任。你們知道嗎？如果不是我病得這麼嚴重，我幾乎無法看清自己的錯誤。以前我以為我把家人照顧得這麼周到，我就是一個好妻子、好媽媽了。在我生病之前，我一直讓你們覺得，我不需要你們的任何幫助。我使得你們忽視我，縱容你們只考慮自己。」

她轉過頭來，對幾個孩子說：「孩子們，我本來打算自己操持好家務，好讓你們把精力集中在學習和自己的興趣上。我想讓你們發揮出最大的潛力，不管是兒子還是女兒。我總是告訴你們要爭取成功，要為了理想而努力。但是，我沒有想到，我卻給你們樹立了壞榜樣。我想，如果我不尊重自己，你們也就不可能學會尊重我，或者尊重你們自己。

「當我媽媽來照顧我時，她幫我做了一次嚴肅的態度調整。她希望我不要再慣著你們。她提醒我說，在我小的時候，儘管我們家經濟相當困難，我們卻彼此關愛和照顧。確實如此，儘管小時候我的內心感到孤寂，但是我和家人永遠不會忘記彼此關愛。現在我覺得自己培養出的，卻是一群不懂感激和關愛的討厭傢伙，因此我決定改變這一切。」

蘇拉的開誠布公，讓家人倍感羞愧，孩子們紛紛投入她的懷抱，希望得到她的原諒。特別是她的丈夫，覺得很抱歉。他們開始改變了，但是畢竟已經形成了接受服務的習慣，所以改變的過程非常緩慢。蘇拉偶爾會罷工，讓他們做一做事，以提醒他們各自的責任。蘇拉的改變，促使她的家人實現了自我改善，所以他們變得更尊重蘇拉，也更加感激蘇拉。

從某種意義上說，蘇拉生病是幸運的。因為生病，蘇拉才看到自己的百依百順和無條件的付出所帶來的不良後果。有鑒於此，**不要讓他人將你的付出當作理所當然；不要總是把別人擺在第一位而忘了自己的需求，更不要否**

定自我的權利。蘇拉的故事很生動的說明了，當付出成為習慣之後，對自己和他人造成的負面影響。

生活中有很多像蘇拉這樣的人，他們勤勞能幹、無怨無悔的付出，而不計較自己的得失。這種無怨無悔的付出行為，也得到了社會的推崇和文化的強化，但是在人們的意識和行動過程中，難免會走樣，可能變得極端起來。比如說蘇拉，周圍的人通常會認可她無怨無悔的付出，並努力的讚美她的能幹。而得到肯定的她則會更加努力的付出，變得更加喜歡履行她給自己規定的職責，直到她意識到了她在付出怎樣的代價。

當一個人的自我需求不斷被壓抑時，他的心理健康就會受到威脅，可能會出現嚴重的問題。如果你也像蘇拉一樣，希望你能夠覺醒並積極的尋求改變。這不僅是對你自己負責，也是對周圍的人負責。

4 沒有功勞，談什麼苦勞

以為做得多，自己的價值就大，這種人同樣也會陷入「不能拒絕」的心理陷阱中。

為了證明自己的價值，獲得更多的收益，很多人都有拚命工作的傾向。然而事實上，**做得多不等於價值大**。做得多有時還可能會壞事，對人對己都沒有好處。特別是對我們自己而言，做得太多，所承受的壓力也非常大。不可否認，一定的壓力對我們的成長會有好處，可以讓我們更加堅韌，但是壓力過大則會對我們的身心健康不利。

南西在某公關公司擔任特殊專案經理的職務。她的職責是為客戶策劃和協調所有特殊的活動。南西對老闆非常忠心，工作更是勤奮。老闆在十年前僱用了二十七歲的南西。那個時候她很不幸，丈夫出了車禍，剛剛過世沒幾個月，生活得很抑鬱，幾乎無法找到工作。

「在我最難過和最痛苦的時候，老闆給我一個重新站起來的機會，這份工作讓我找到了活著的價值和意義。」因此南西非常感激老闆。感恩的心使得她對工作極度負責，變成了工作狂人。無論什麼工作，只要是她認為重要的，就會盡力去做。

這當然很好，至少老闆是非常讚賞她的。然而她手下的兩個助理卻對她很不滿。原來南西工作太負責了，對各項工作的掌控簡直到了令人厭煩的地步。特別讓人鬱悶的是，她從來不肯將那些重要的工作交給別人去做，只把一些最單調或最瑣碎的雜活兒，比如裝請柬、黏信封、寄快遞等，交給助理去做。

助理希望自己能夠得到重視，做一些比較重要的工作，但南西卻不認同：「要是你們把事情搞砸了，誰負責呢？現在這樣，不是很好嗎？如果出了什麼差錯，我也不會怪你們。」

南西這一番話，讓兩個助理非常鬱悶，他們覺得這樣雖然很輕鬆，但是自己的職業發展受到了嚴重的影響。

南西很不能理解：「他們真傻，有好日子還不想過，非要將自己的工作量加重。他們根本就不知道，那些工作帶來的壓力有多大，有時簡直會把人逼瘋。我不把這些工作交給他們做，也是為了他們好。」

南西的好心讓助理很無奈，他們說：「她把這些會把人逼瘋的工作壓在自己的身上，豈不是更傻？」助理沒能說服固執的南西，便找老闆提意見，希望得到一些更重要的工作，而不是總是幹雜活兒，因為那樣會讓他們覺得自己的存在毫無意義。他們希望得到學習和鍛煉的機會，而不是成為表面風光的雜役。

南西的「勤勞」，讓他人詬病的同時，也給自己的身心健康帶來不良影響。每當有特殊專案時，她都會把自己扔進壓力鍋裡。幾乎沒日沒夜的工作，再三的檢查每一個細節。在壓力之下，南西性情大變，成了火藥庫。

一旦工作出了差錯，她便會尖叫、咒罵，厲聲的批評部屬。儘管她說過，如果出了差錯，她只會怪自己，但是事實上好幾次她當場大罵他人的不是。不僅同事們感到難受，自己也弄得疲憊不堪。

等到工作完成之後，她又會為自己的惡劣行為感到懊悔，接著買鮮花或其他禮物，送給同事和助理以示歉意，請求得到他們的諒解和寬恕，並承諾自己下次一定會保持冷靜。但是歷史不斷重演。

老闆從來沒有處罰過南西，反而會替她向員工道歉，同時也會提醒大家：「南西是一個可以信賴的專案負責人，沒有人能像她一樣盡職盡責，她一定能夠帶領大家取得成功。」事實上也是如此，南西負責的活動一般都非常成功，贏得了客戶以及媒體的讚揚。

然而後來因為某事，公司不得不讓南西休假。在她休假期間，老闆發現，南西並不是不可或缺的。不久之後，因為出了差錯，南西被解聘了。她感到很傷心，也不能理解：「自己辛苦做了這麼多，為什麼還會被掃地出門？」

南西的經歷，你能理解嗎？反思一下，我們身上或許有南西的影子。因為我們心裡往往都會有這樣的想法：做更多的事情，以證明自己存在的價值。南西最初的動機可能並非如此，她起初是出於感恩心理，但是後來她的心態已經發生了改變，她需要價值實現來提升自我存在感。

做得多，等於價值大？

每個人都有存在感需求，而人們在滿足自我存在感時，都會不約而同的選擇價值實現的辦法。只要能證明自己的價值，就說明我們的存在是非常有意義的。

每個人都擔心自己成為無用的人，當自己無用時，我們的內心必定充滿沮喪。幾乎無人會為自己的無用而欣喜，因為我們認為無用，就代表自己沒有存在的價值。

在南西因丈夫去世而倍感絕望的時候，她是最缺乏存在感的。她希望用工作來改變這種僵局，以證明自己存在的價值。然而心情低落、沮喪的她，卻不被接受。在倍感無助之時，老闆聘用了她，給了她一個證明自己的機會，於是她的內心充滿了感激。

感恩心理和欲證明自己價值的心理，讓南西積極投入工作中，從而取得了極佳的業績，因此也成了公司的經理。但是與此同時，她變成了一個工作狂人，養成了獨攬全局、事必躬親的習慣。她的內心形成了某種思維定式：只有親力親為的工作，我的存在才有價值，我才是一個合格的專案負責人。

在實際工作當中，我們也經常會有這樣的錯誤認知，認為只有不斷的忙碌，盡可能做得多，才能證明自己的價值。「做得多，就等於價值大」，我們的頭腦中或許沒有如此清晰的想法，但是我們的行為總是不自覺的體現著這種思想。當我們做了很多，卻不被他人認可時，我們會不甘心的說：「做了這麼多，就算沒有功勞，也有苦勞吧！」

不說功勞而細數自己的苦勞，這實際上就是「做得多等於價值大」的思想體現。然而，**一個人的價值不能靠做得多來證明**。以為做得多，自己的價值就大，這種人同樣也會陷入不能拒絕的心理陷阱中。只不過他們的不能拒絕，可能他們自己並沒有意識到，就像南西那樣，陷入無窮無盡的壓力中，結果不僅使得自己身心疲憊、情緒失衡，還讓他人感到不滿。

所以我們要改變「做得多等於價值大」的錯誤認知，修正我們內心的苦勞情結。在追求自我存在感和證明自我價值的時候，應拒絕過度的苦勞和壓力，以免破壞良好的情緒，損害自己的身心健康。

5 不敢質疑，等於請別人重複占你便宜

內心軟弱的人，容易陷入惡性循環的輪迴：因為軟弱，所以不敢拒絕；因為不敢拒絕，所以變得逆來順受，因為逆來順受，導致內心變得越來越軟弱。

小夏是一個非常好的人，好到所有人都讚美她的溫良品德。但她卻找了心理諮詢師談，講起自己的困惑：「我覺得自己在強者面前如此的渺小，所以總是逆來順受，缺乏自主能力，不敢拒絕別人的要求。」

小夏說：「我對周圍的男生有些害怕、對上司很害怕、對強壯的人也很害怕。我怕惹怒他們，因為他們真的很強大、很有威嚴。小時候我的爸爸就很有威嚴，且脾氣很暴躁，他喝醉時就會大發脾氣。」

她很崇拜父親的威嚴，同時又很怕父親。媽媽吩咐她千萬別跟爸爸

頂嘴，媽媽告訴她要順從父親的意願，免得被傷害：「他說什麼妳就做什麼，妳要笑著答應他。當他說了些惡毒的話時，妳會很難受。但是妳要記住，妳爸爸其實是愛妳的，他會說那些亂七八糟的話，完全是受酒精的影響。」

於是很小的時候，小夏就學會了討好父親。在她的印象中，男人似乎總是充滿威嚴、很容易暴躁；他們一旦狂怒，所爆發的破壞力量，讓她感到恐懼。強烈的恐懼，讓她逃避衝突，屈服於強大的力量。每當面對她認為強大的人時，她就很容易答應對方的要求。在她快滿十八歲時，她的爸爸去世了，但她奇怪而又矛盾的心理並沒有因此消除，而是一直跟著她。

小夏很愛她的丈夫，但她一直都很擔心會惹怒他，她說：「我害怕我丈夫發火，但是很奇怪，我從來沒見過他發火！他從來不生氣，我們也從來不吵架。不管他說什麼，我一概贊同；不管他想要什麼，我一概同意。我想，那就是我跟他一直保持和睦關係的原因。」

經過了十幾年的婚姻生活，小夏已經很清楚丈夫並沒有壞脾氣。但是即便如此，小夏心中的恐懼感依舊無法放下：「既然他到現在都沒有發過脾氣，那很可能以後也不會，但是我似乎仍然無法消除自己的恐懼。如果他做了什麼讓我心煩或不滿的事情，我從來不會跟他說。我只是告訴自己，無論什麼事都不值得爭吵。」

小夏接受了心理治療，並鼓起勇氣把自己的想法告訴了丈夫。丈夫嘆氣說：「妳知道嗎？這麼多年來，我時常感到孤獨，**雖然我發表任何看法，妳都贊同**；但我在感到高興的同時，心裡還有些孤獨。**我覺得我們缺乏溝通**，而妳並不是真正理解我的看法，只是因為我是妳的丈夫，妳才無條件支持我。我知道妳竭盡全力的想當一個賢慧的妻子，為了讓我高興，妳什麼都願意做。但是親愛的，妳從來不讓我看到真實的妳，也從來不告訴我，妳真正的感受是什麼？妳把那一切都刪去了，因為妳害怕我會發火。我又何嘗不是如此呢？我也很擔心將心中的不快坦白會讓妳無法接受，最終破壞彼此之間的感情。」

多麼和睦的一對夫妻！但如此和睦的夫妻倆竟然也會有心理障礙，彼此之間不敢進行溝通，這讓很多人感到奇怪。然而越是奇怪，就越值得我們關注，這或許能夠幫助我們了解自己，找出不能拒絕的真正原因。

案例中的小夏就是一個不懂拒絕的人，導致她不能拒絕他人的心理因素是比較複雜的，其中包括崇拜心理、恐懼心理、逃避心理等，這些複雜的心理狀況與她的童年遭遇有關。她的體貼和溫順的行為，其實大部分都是基於這種複雜的負面心理狀況。

小夏很幸運，嫁了一個明事理的好丈夫，沒有因她的百依百順而提出更多的要求，也沒有像她父親對待她母親那樣對待她。在生活中也沒有遇到心腸不好的人，否則無論她如何屈服和順從，恐怕都難免會受到傷害，因為她的內心不夠強大，缺乏拒絕能力。

你軟弱，你就是自己最大的敵人

內心軟弱的人，容易陷入惡性循環的迴圈：因為軟弱，所以不敢拒絕；因為不敢拒絕，所以變得逆來順受，因為逆來順受，導致內心越來越軟

弱。從以下這個例子就可以了解。

為了讓孩子受到良好的教育，史密斯請了家庭教師。然而這兩個月以來，家庭教師尤麗婭竟然沒有要求他發薪水，不知道為什麼，他感覺非常不好。

這一天，他主動將家庭教師請來，對侷促不安的她說：「尤麗婭，我們來算算工錢吧。這是妳應得的。妳也許要用錢，但妳太拘泥於禮節，自己不好意思主動開口。妳已經工作了兩個月，上個月的薪水，我還沒有發給妳。我和妳講妥，每月三十盧布（按：盧布為俄羅斯聯邦的法定貨幣，盧布與新臺幣的兌換匯率約為一比〇・四九）……」。

「四十盧布……」尤麗婭輕聲說道。史密斯搖搖頭，打斷尤麗婭的話：「不，是三十盧布，我這裡有紀錄，我一向按這個價錢付教師工資的，妳待了整整兩個月……」。

尤麗婭輕聲辯解：「兩個月再加五天……」史密斯再次打斷她的話：「就是兩個月沒錯，我這裡是這樣記的。這就是說，應付妳六十盧布。但星期日妳沒有幫小孩上課，只不過是帶著他玩，另外還有三天節日……」。

尤麗婭漲紅了臉，抓緊衣襟，但不發一語。史密斯繼續計算：「節日加上星期日，一共有十二天，應扣除十二盧布。孩子生病，有四天沒上課，妳牙痛三天，夫人准妳午飯後休息，扣除這些，還剩四十一盧布。沒錯吧？」尤麗婭眼睛都發紅了，並且輕聲咳嗽了起來，但仍然不發一語。

史密斯見她沒有異議，便再次埋頭計算：「妳打碎一個帶底碟的配套茶杯，扣除兩盧布。由於妳的疏忽，孩子爬樹時撕破禮服，扣除十盧布。女僕偷走一雙皮鞋，也是由於妳怠忽職守，再扣除五盧布。九號那天，妳預支了九盧布……」。

尤麗婭囁嚅道：「我沒預支過！」史密斯指了指帳本，說道：「可是我這裡有紀錄！四十一減二十七，淨得十四。」尤麗婭的淚水充溢雙眼，她用顫抖的聲音說：「我只從夫人那裡預支了三盧布，除此之外，就再也沒預支過……」。

史密斯看了看帳本，驚訝道：「是嗎？這麼說，我這裡漏記了！十四盧布再扣除三盧布，嗯，十一盧布。這是妳的薪水，收好了！」尤麗婭接過錢，喃喃的說：「謝謝。」

這個時候，史密斯猛然站起，開始快步來回走起來，他急促的問：「為什麼要道謝？我洗劫了妳，實際上我偷了妳的錢！妳不是應該要憤怒嗎？」

尤麗婭說：「在別處，根本一毛也不給。」

史密斯嘆氣說：「難怪啦！剛才我是和妳開玩笑，嗯，這裡是八十盧布，事先已幫妳裝在信封裡了！我只是不知道，妳為什麼不抗議？為什麼沉默不語？為什麼這樣軟弱？」

第二章

社交不是委屈自己被人情緒勒索

社交對於有些人來說如魚得水，但對有些人卻並不在行，為了避免被人冷落，而不敢拒絕別人的請求。這樣做的後果，就是不斷委屈自己、讓自己難受。有智慧的拒絕，可以幫助我們擺脫這種窘境。

1 朋友的過分要求，點頭等於預告翻臉

面對過分的要求，我們要調整心態、恰當的應對，而不是總想著討好對方而委屈了自己。

小雅身旁的人都對她印象很好，說她熱情大方、有人情味。因為她見到每一個人都笑容滿面，從來不會讓人心煩。而且，每一次與人交談之後，她總不忘在結尾加上一句：「有空來我家裡玩」或「到我家去坐坐吧」。

這樣的話很熟悉吧？在生活中，我們每個人都常常聽到這樣的話，而我們有時也會這樣說。我們都知道，這樣的話大都是客套話，但我們都愛聽，也都喜歡這麼說。

小雅也是這樣，她習慣了用這樣的話來表達自己的熱情，大家聽著

感覺也很舒服，也沒有人會真的沒事跑到她家去玩。彼此都客氣，於是便只是虛應道：「好，一定去、一定去。」

當然沒人當真，小雅也不會當真。只是下次她就能更好的表達熱情，甚至能理直氣壯的埋怨：「你看看，說來我家玩的，我在家就盼著你來，可你總也不來。」

大家就笑：「真的是沒空，有時間一定去。」

「那就說定了，下次一定要來喲。」

這樣話來話去，彼此心情都很愉悅，十分和諧。然而，偶爾也會遇到意外，有的人會把客氣話當真。

但小雅也沒想到，有一天她就為這樣的事情為難了：有個朋友打電話給她，說暑假打算帶著孩子和狗到她家裡住三個星期。

一向熱情的小雅，當時有些呆了。但順著對方的話，她根本不好意思拒絕，竟然答應了對方的要求。放下電話，小雅就頭疼了。

好好的，怎麼惹來這樣一樁麻煩？算了，自認倒楣。她只能期盼朋友的到來不會給自己的生活造成困擾。只是，這有可能嗎？

果然，事情沒有想像中那麼順心，朋友的到來打破了她家寧靜的生活。朋友的孩子特別活潑，喜歡站在沙發上蹦蹦跳跳，而且都不脫鞋！每天，這個小傢伙都會在她家的幾個房間竄來竄去，就像一隻不安分的小老鼠。可是她還不能批評他，她要是批評他，朋友的臉色就會變得難看起來。

更讓她無奈的是，自己的女兒特別討厭那個小男孩，他們之間已經爆發了好幾次衝突，有時是為了玩具、有時是食物，或是為了電視，總之他們根本無法和諧相處。女兒甚至被這個外來的小傢伙欺負到哭了。是可忍，孰不可忍。小雅終於受不了了。

她向朋友表明了不歡迎的態度，並說出希望他們搬走的話：「平時我們喜歡陪伴朋友，但並不表示我們願意成天和朋友生活在一起。我很高興見到你們，也希望你們能夠在這裡過得高興。但是我現在感到很不高興，因為我們的孩子之間有矛盾，我女兒現在很不開心。

坦白說，我很願意招待你們幾天，但是三個星期實在太久。所以我希望你們能夠離開這裡，非常抱歉。」

說話的時候，小雅有些尷尬，但話說出口之後，她心裡感到一陣輕鬆。看到朋友離去，小雅心中並非沒有歉意。當初她說：「常來家裡玩」，有真心的成分在裡面。只是她沒有想到，對方當真來了，還要住這麼長的時間，她卻無法接受了。

嘗過違心之痛苦的小雅，與人聊天時依然很熱情，不過她不會再勉強自己、不會違心的答應他人，她懂得坦誠的拒絕。

生活中我們也會遇到這樣的事，親戚朋友借住，我們心中本不願意，卻不好意思拒絕，於是違心答應。結果就像小雅那樣，心裡好像長了疙瘩，很不舒服。有的人或許會覺得，這是心眼小的緣故，她要真大方，也就不會這麼糾結。

這話聽起來似乎很有道理，然而細細一想，就有問題了，難道心眼小點就該遭受這樣的折磨嗎？更何況這已不是心眼大小的問題，即便是大氣度之人，也未必沒有違心之苦，真正的問題在於違心允諾別人。

不要將就別人而委屈自己

違背自己的心意，是使我們難受的根本原因。沒有人能夠在違心之事面前安然自若，即便表面平靜，內心也難免有些波瀾。任何人違心做某件事，內心都會受到煎熬，而且這種感受肯定不會太好。

但是實際上我們常會遇到這樣的事，明知道某件事違背自己的心，卻囿於種種原因不能拒絕，總是無可奈何的接受，然後讓自己備受折磨，結果陷入各種負面情緒和沉重的壓力中。

這又何必呢？其實只要說聲：「不」，一切煩惱便會迎刃而解。你也許會反駁：「這未免太想當然了，說『不』當然容易，但是你知道拒絕可能會帶來的後果嗎？」

是的，一些問題的出現是因為人們會考慮後果——那些尚未發生，便被我們推測出來將會發生的事情。我們擔心拒絕之後會讓他人對我們失去信心，甚至因此否定我們。這其實是可以解決的問題，只要我們足夠坦誠。

可是**很多時候我們做不到坦誠，是因為我們的心中有太多的顧慮**。我們擔心，即便自己坦誠，對方也無法理解我們。

而事實確實如我們所擔心，即便我們坦誠的告訴對方自己無法答應的原因，對方也不一定認可我們的拒絕。多數時候，對方只是在表面上接受我們的坦誠和拒絕，但其內心是不舒服的、失望的。有些人面對我們的拒絕，甚至會直接表示不滿。

面對過分的要求，我們要調整心態，採取恰當的措施去應對，而不是總想著討好對方、讓對方舒服，反過來委屈自己。

2 有一種人際關係，叫做放棄的勇氣

人們之所以會放不下一段感情，並不是放不下那個人，而是放不下自己曾經的付出。

俗話說：「凡事不能太強求」，但如今，這話卻不太被人認同了。有不少人認為這句話包含了消極的意味。然而當我們真正遇到了被勉強的事情時，每個人的腦海中大概又都會浮現出這句話來。因為大家都不願意勉強做事情。心甘情願，是每個人的追求。人們願意做自己感興趣的事情，而違逆本心，勉強行事，則會有說不出來的難受。

有些研究者認為，人們在違背自身意願的情況下做事情，會使自身的身體組織受到損害。就連微笑這種能讓我們更加健康的行為，如果在勉強的情況下去做，也會對身體健康產生不利的影響。

老是「以客為尊」嚴重傷身

德國法蘭克福大學（Goethe University Frankfurt）教授迪耶特．查普夫經過研究發現，並**不是所有的笑都有益於健康，勉強的笑是對健康有害的，可能導致人得到許多疾病**。空服人員、商店的銷售員、呼叫中心的接線員、餐廳的服務員之類的服務人員，因為在工作中經常被迫微笑，所以會有沉重的心理負擔，最終健康會受到影響。

查普夫教授說：「在研究中，我們發現服務員、接線員，他們在工作中經常會受到客戶『虐待』。其中一些研究對象，在受到客戶的辱罵之後被允許反脣相譏，而另一些人只能始終保持克制，即使遭到不公正的對待，仍舊必須對客戶畢恭畢敬。

「結果證明，那些可以發洩不滿情緒的研究對象，在相對較短的一段時間內心跳很快，不過隨後即恢復了正常，而那些仍舊**必須對挑剔的客戶們笑臉相迎的人**，則在對方電話掛斷後的很長一段時間內仍然心跳過速，儘管他**表面上似乎沒什麼事，實際上已經受到了嚴重的損害**，這種損害還沒有被及時彌補。長期如此，健康必然堪憂。」

由此可見，強顏歡笑尚且不利於我們的身心健康，更何況勉強去做其他的事情？事實上，生活中有很多事情都是不能勉強的。特別是諸如感情之類的事情，更是如此。

沒有感情交流，寧可早早分手

有些夫妻雖然感情破裂了，但他們總是想著為了孩子而湊合著過日子，以為這樣對孩子是有好處的。這樣做的人非常多，然而結果不一定是好的。為什麼？

首先，夫妻雙方的身心負擔太重，心情壓抑，得不到開導勸解和釋放，長久下來，必定會影響雙方的身體健康，甚至造成心理扭曲。其次，這種勉強的做法對孩子的影響也很不好。不要以為孩子還小，不懂大人的事情，看不透父母之間的貌合神離。就算夫妻倆演技再好，也總會露出一些破綻來。如果孩子察覺出父母關係有問題，知道了真相，他會很快對家庭失去信心和信任。

實際上，當一段感情或婚姻走到盡頭時，你可以盡力去彌補、去挽回，但不應該去勉強，更不能想著湊合一下。如果感情不能挽回，那最好的辦法就是雙方放手，盡快結束它。你必須了解，感情是不能強求的。然而，現實生活中有太多的人對感情放不下，於是找許多放不下的理由，想辦法去維持。可是感情破裂了，找理由有什麼用？勉強更是沒有用。

心理學家指出，**人們之所以放不下一段感情，其實並不是放不下那個人，而是放不下自己曾經的付出。人們在做決定的時候，最困難的往往不是理解自己該怎麼做，而是找到放手去做的勇氣。**感情的事，勉強只會讓兩個人都受委屈。所以如果感情走到了盡頭，就不要去勉強。

追求一個人，維護一段感情，都不是可以強求的事情；自然，接受一個人的感情，也不是可以勉強的事情。

有個年輕人在家人的催促之下，和鄰村的一個姑娘相親。其實他根本不喜歡她，本來他是想要拒絕的。他把自己的想法告訴了父母，父母對他說：「這件事情你自己做主，我們不會幫你出主意。不過，感情這種事情，要相處之後才會知道。現在沒有感情，以後在一起久了自然就會有的。」

周圍的人也這樣跟他說：「現在沒感情，不代表以後沒感情，感情是相處出來的。」他想了想，覺得挺有道理的。再看看越來越蒼老的父母，整天愁眉苦臉的為他操心終身大事，他的心裡就很過意不去，於是他答應了這門親事。那姑娘也沒什麼主見，凡事都聽家裡的，婚事就這樣定了下來。

訂婚之後，兩個人在一起的時間還不到十天，就各奔東西了。姑娘與她的父母到南方去做生意，而這個年輕人則去了北方。其間分居兩地的兩人也會湊時間相聚一下，但是相聚非但沒有成為期待，反而讓年輕人感到煩惱，就好像完成任務似的。

就這樣過了半年，年輕人發現彼此很難溝通，雖然每天都會打電話，但也僅是打聲招呼而已，基本上沒有感情交流。且姑娘很少關心他，他也沒怎麼擔心過對方。所謂的「時間久了就會有感情」，根本無從談起，最終年輕人退婚了。

勉強、湊合的心理，註定不會讓人好受。要知道，沒有感情基礎的婚姻，勉強不來。有的人會選擇湊合，表面上似乎很豁達的樣子，然而由於違背自己的本心，所以很容易導致心理失衡，最終影響身心發展。所以請記住，不要太勉強自己，勉強自己不會舒服，更不會幸福。

3 你的拒絕不會破壞友誼

想太多，拒絕就會更不容易，你的勇氣也會被種種顧慮磨滅。無法接受，就大膽說「不」。

有個小夥子剛進入職場工作，姨媽就從遙遠的故鄉跑來看他。窘迫的小夥子沒有什麼好去處，只好陪著姨媽在鬧區四處逛逛。

很快就到了吃飯時間，小夥子摸了摸口袋，發現自己身上只有一點錢。他很想找個小餐館隨便吃吃，可是他無法開口，因為姨媽看好了一家很高檔的餐廳。小夥子不好意思反對，便硬著頭皮跟著姨媽進了那家餐廳。

兩個人坐了下來，姨媽拿起菜單，徵詢他的意見。小夥子說：「隨便、隨便。」他一隻手放在口袋裡，僅有的一點錢已經被手心的汗水濡溼，他的心中惴惴不安：「錢不夠，怎麼辦？怎麼辦？」

姨媽似乎沒有發現小夥子的不安，她不停的讚美可口的飯菜。小夥子卻嘗不出美味的味道來，他的額頭上已經沁出了細密的汗珠。

姨媽看他滿面通紅又大汗淋漓的樣子，就笑他：「看你這孩子就愛吃辣，瞧瞧，流了滿身的汗！」

小夥子很尷尬的笑了笑。

豐盛的一頓終於吃完了，彬彬有禮的服務員拿著帳單走來。小夥子微張開嘴，說不出話來。

這時，姨媽把帳單拿了過來，溫和的笑道：「孩子，我知道你的感覺，這也是我曾有過的感覺。我想聽你說『不』，我以為你會比那時的我更有拒絕的魄力，可事實上你跟過去的我一樣傻，都不敢說『不』。你已經長大了，走入了社會，你是一個獨立的人，要有自己的主張。所以你一定要勇敢一些，如果你無法接受，那麼就大膽的拒絕，不要有後顧之憂。」

生活中有種種因素，常讓我們失去拒絕的勇氣。就像故事裡的小夥子那樣，愛面子，會感覺難堪，也會擔心他人的目光，因而將「不」留在心裡，難以說出來，但「按著牛頭喝水」（按：比喻勉強不得），心裡會好過嗎？

請客與拒絕被支配的勇氣

小崔在家具公司工作，收入還算不錯，身旁的人都很羨慕他。但是工作幾年之後，薪水豐厚的小崔並沒有多少積蓄。他的父母覺得奇怪，因為他們知道小崔的生活很簡樸，應該不會有什麼大的開銷。那麼錢是怎麼花掉的？

答案很簡單：請客。家具公司裡男性同事占大多數，女性同事沒幾個。下班後，同事都喜歡去喝酒、唱歌，輪流請客。剛開始的時候，小崔不太想去，就是擔心會亂花錢，可是拗不過同事們的邀請。

別人請你，不去就是不給面子。再說大家都去，你要是不去，立馬就會被貼上「不合群」的標籤，以後大家都會對你敬而遠之。那就去吧，但接受了別人的邀請，你總不能白吃白喝白玩吧？那就只有回請。一回生，二回熟，於是更加不好意思拒絕了。玩著玩著，原本「吝嗇」的小崔變得越來越大方，大方讓他成了名副其實的「月光族」。

「你這傻孩子，」父母聽小崔講了自己的經歷，不禁頭疼，就開始給他說教：「不想去就不要去，你還擔心別人怎麼看你？說白了，還是你自己閒得無聊，自己想去、自己要面子、愛逞強，反倒說要顧著別人的面子。以後再遇到這種事，首先要問自己，辛苦賺來的血汗錢就這樣花光不心疼？要先學會控制自己，不要總想著去表現自己的大方，那只會讓你的口袋裡的錢花光光。」

父母看小崔的樣子，知道他跟著同事們去耍大方，**可能是因為孤單、無聊，於是建議他可以發展一下自己的業餘愛好**。於是文筆還算不錯的小崔再也不去應酬了，平時就寫寫文章來打發寂寞的時光。這樣一來，不但賺到了錢，人生也打開了另一扇門。

剛開始時，小崔拒絕邀請，同事都不太高興，然而隨著時間的推移，同事也就能理解他了。因為大家都想過更有意義的生活，而小崔正在朝著這個方向努力，這讓同事受到了啟發。無所事事的人少了，更多的人開始行動起來，努力讓自己的生活變得更有意義。

不要擔心你的拒絕會破壞友誼，如果你拒絕是因為想獲得更美好的生活，那麼你就不會失去友誼，反而會得到更多友誼。因為在這個世界上，每個人都希望過更好的生活，每個人都願意生活得更有意義，而不是無聊、無趣、無味的混日子。

人們會更想接近那些，敢於拒絕沉淪、勇於發展自我的人。如果你的拒絕有正當理由，並且是為了獲得更美好的生活，你便不必擔心失去友誼。

有些事情別想太多，拒絕他人也是這樣。既想拒絕，又不想得罪對方，難免會左思右想，結果非但無法將心裡的「不」說出來，反而自己心事重重。**想得太多，拒絕就會更不容易，你的勇氣也會被種種顧慮磨滅**。

無法接受，就大膽說：「不」。不要隨波逐流、不要有太多顧慮，當你擁有勇氣，努力去接近美好生活時，將可以獲得更多。當你將「不」字說出來時，你會發現原來拒絕並沒有那麼難，只需要一點勇氣就可以。

4 誰說你可以享受我的禮貌、利用我的氣度？

如果你很生氣，那就告訴對方；如果你不願意，就不要勉強；如果你憤怒於對方的侮辱，那就勇敢的表達你的不滿和抗議。

一直以來，人們都對憤怒的情緒很反感，自然對有脾氣的人也不會有太多的好感，因此人們傾向於抑制自己的脾氣。由於特別想讓自己的性格變得完美，抑制脾氣的做法變得偏激起來，以至於有的人最終讓自己成了沒有脾氣的濫好人。

有人會說：「沒脾氣的人性格好，相處起來不會有矛盾，難道有什麼問題？」這樣的看法是非常片面的。當一個人沒有了脾氣，他的生活會是怎樣的呢？一個字——亂。你也許不相信：「怎麼可能？應該說有脾氣的人的生活才會波瀾起伏吧？沒有脾氣的人的生活應該是淡定從容的。」

脾氣要發在對的地方

若你這樣認為，那就錯了。你越想平靜，不平靜的事情就越靠近你。濫好人沒脾氣，是因為他怕別人有脾氣：他擔心別人發脾氣，所以不得不接受別人的要求，自己敢怒不敢言，把脾氣悶在心裡。他們擔心自己要是把脾氣發洩出來，就會造成衝突。在他們的眼裡，脾氣就是衝突的導火線，有脾氣就容易爆發衝突。而避免衝突，恰恰是每個濫好人心靈深處的念頭。

他們想要平靜安然，從沒有想過發脾氣，更討厭別人發脾氣，總覺得有脾氣的人不好，沒有氣度。事實上很多人心中都有這樣的好人情結，都會覺得脾氣是一種恐怖的東西。

然而他們不知道的是，其實有脾氣的人更會表達拒絕的意願。不要覺得這很荒謬。很多時候，人們無法拒絕他人，不是因為不想拒絕，而是因為少了那麼點兒脾氣。

一個沒有脾氣的人，彷彿是砧板上的一塊肉，任人宰割，毫無抗拒之力。在他們的心裡，存在著扭曲的好人思維——總覺得自己對別人好，別人就會對自己好。因此，他們不會憤怒，也不願意發脾氣。一旦發脾氣，就會深深的自責，感覺自己不夠好。

其實很多時候，完全沒有必要責怪自己，如果是對方的問題和責任，為什麼要讓自己承受那些折磨和損失？有人感嘆：「我多麼願意別人欣賞我的禮貌、我的氣度，可實際上，**他們只是享受我的禮貌，利用我的氣度**。有的人即便你無數次忍讓他，也不能停止他的攻擊與辱罵，反而會越來越猖獗，到後來連家人都被一塊罵。如果我不打斷他，他是不會甘休的。」

一個正常的人，要能和氣待人，但也要有點兒脾氣。這並不是提倡爭鬥，也不是要人變成火藥桶，只是希望我們都能坦誠面對自己的心，而不再壓抑自己。

不要再做勉強自己的事情，敞開你的胸懷吧，勇敢面對自己內心的不甘、不願和憤怒。如果你很生氣，那就告訴對方；如果你不願意，就不要勉強；如果你憤怒於對方的侮辱，那就勇敢的表達你的不滿和抗議。我們不做衛道人士，我們只需要坦誠的面對自己，做一個坦誠的人，哪怕很普通。一個人若能保持自己的真心和坦誠，生活中你便可馳騁。

5 拒絕不是虧欠，不必覺得愧疚

別人有求於你，如果你能夠幫，就盡力而為；如果因為心有餘而力不足而拒絕，也不用愧疚。

今年的情人節，阿蘭又要一個人過了。這讓阿蘭很不高興，但是她只能表示體諒，因為男友阿德對她說：「今天公司裡有事情，必須加班，要很晚才能回家，晚上不能陪妳過情人節了。」男友忙於工作，這是好事，作為體貼的女人，她怎麼能怪男友呢？於是，她一個人在家看電視、吃速食，一個人度過情人節的夜晚。

但是事情過後沒幾天，有一個好朋友卻告訴阿蘭，在情人節那天，她看見阿德和另一個女孩在某家高級餐廳共進晚餐。這個消息就好像導火線一樣，點燃了阿蘭內心的憤怒。

她質問阿德：「這件事情是不是真的？你到底有沒有把我放在心上？」阿德見事情隱瞞不住，只好和盤托出。

原來那個和阿德共進晚餐的女孩是他的前女友，因為她在感情方面遭遇了一些挫折，希望找一個人來傾訴，所以請阿德陪她吃頓飯。

由於當初是阿德先提出分手的，所以心存愧疚的阿德便沒有拒絕前女友的要求。不過為了不讓現任女友阿蘭誤會，以免鬧出不愉快的事情，他便找了個加班的藉口。

雖然阿德如實交代了事情的始末，說的也都是事實，可是阿蘭依然憤憤不平。想到自己滿懷理解之心，卻被欺騙，阿蘭總是特別難受，為此她大鬧不休，幾乎要和阿德分手。最終，雖然他們倆的感情挽救回來了，可是感情上的裂痕，卻不是短時間內能癒合的。

因為曾經的事情而心生愧疚感，變得難以拒絕，這是很多人都會面對的問題。男人會有這種問題，女人同樣會有。

愛情不談愧疚，交情也是

小雲是一個漂亮且溫柔的姑娘，在學校裡有很多追求者。在眾多追求者中，有一個男孩特別殷勤，四年當中送了不計其數的鮮花、巧克力和其他大大小小的禮物。

剛開始，對這個男孩的追求，小雲並沒有拒絕，但也沒有明確接受。她覺得他不錯，但對他還沒有那種傾心的感覺，因此想再觀察看看，看這個男孩到底是不是自己的白馬王子。

後來，大軍出現了。大軍是小雲的學長，他們是在一次校慶活動中認識的。大軍為人風趣幽默，雖然畢業僅僅兩年，卻已經成就斐然。大軍的成熟穩重、認真誠懇深深吸引了小雲，讓她覺得他就是自己心目中的白馬王子。而大軍對這個美麗溫柔的小學妹也十分喜愛，兩個人順理成章的墜入愛河。

而此時，那個苦追小雲四年的男孩早已經被熱戀中的小雲拋諸腦後了。

小雲雖然在和大軍在一起後，便拒絕了那個男孩，但他畢竟追求了她四年。在這四年中，他也許錯過了真愛。對此，小雲很愧疚。因此，對於這個男孩偶爾提出的見面要求，她總是盡量滿足。於是，令人傷心的事情發生了。

在畢業前一天晚上，男孩又打電話來，希望小雲陪他出去走走。天色很晚了，小雲本來不想去赴約的，但出於心中的愧疚感，她最終還是赴約了。沒想到，兩個人在路上偶遇了大軍，大軍對此十分生氣。結果可想而知，原本美好的愛情就此破滅了。

就像小雲一樣，不少人無法拒絕別人，就是因為心中存有某種愧疚感和虧欠感。在平常的生活、工作當中，**拒絕者似乎總會對被拒絕者心存愧疚**：「如果不是因為我的拒絕，他們應該會生活得很好，或已經完成了某些重要的事情……」這種想法不斷在拒絕者的頭腦中浮現，揮之不去。

然而，不好的事情發生，真的是我們的拒絕造成的嗎？如果我們沒有拒絕，事情就會沿著設想中的道路前進？就拿上面的例子來說：如果小雲當時選擇了那個男孩，他們的生活就一定會幸福？未必吧。如果真的幸福，小雲早就接受了那個男孩。如果對方的願望會實現，就算沒有我們的幫助，他的願望同樣能實現。所以，我們並不需要因為拒絕而心存愧疚。

拒絕不等於虧欠，能替對方省時間

從心理層面去分析，拒絕之後所產生的愧疚感，正是自己力求討好他人的必然結果。因為你希望周圍的人快樂，所以對他們提出的要求總是盡力滿足。倘若滿足不了，別人沒有獲得適當的滿足情緒，那麼你的愧疚感便油然而生。

照這樣分析的結果，你會發現，這種愧疚是多麼可笑。因為你註定無法滿足別人所有的要求。換句話說，**無論你多麼盡力，總會有人感到不滿**。況且，即使你能夠實現對方的某個願望，也應當考慮一下自己的幸福和快樂。難道有人找你要很多錢，為了避免拒絕帶來的愧疚，就可以為了籌錢去犯罪？或有人喜歡你，想跟你在一起，你就必須答應？既然有很多事情我們做不到，無法取悅所有人，何必要耿耿於懷，心存愧疚呢？

記住一個原則：**別人有求於你，如果你能夠幫，就盡力而為；如果因為心有餘而力不足而拒絕，也不用愧疚。因為你沒有必要刻意討好別人，更不必因為拒絕別人而感到虧欠對方。**相反的，**必要的拒絕，其實是替對方節省了時間，幫助他盡快找到正確的解決方法**。因此，請記住，**拒絕不等於虧欠！**

另外，特別要提到的，就是拒絕之後的道歉。通常我們認為，道歉就是表示做錯了事情。基於這樣一種認識，拒絕他人的請求之後，我們不應過多表示歉意，除非你是服務業人員。有的人喜歡道歉，這並沒有壞處，但是糟糕的是，有些人會將這種道歉內化成愧疚感，認為自己沒能答應對方的要求，就是虧欠了對方。這種意識非常不好。如果你有這樣的想法，那麼還不如放棄道歉。

第三章

最親近的關係是保持一定距離

當車上人少時，我們一般會在整排空位中找一個坐下；當車上很擁擠時，我們會盡量縮緊自己的身體，以免和別人發生觸碰。這都是和別人拉開距離的表現，保持一定的距離，有助於向別人表明拒絕的態度。

1 感情好到不降溫，必破裂

關係就像人的腦子一樣，很容易出現狂熱的情況，一旦太過狂熱，便容易失去理智，關係再好，也要保持距離。

在實際生活中，人與人之間的交往不可避免。而且，交往程度不同，彼此之間的親密關係也會有所不同。一般來說，關係越親密，溝通越輕鬆，相處更舒適。但是，**過分親密的關係有時會讓人陷入無法拒絕的漩渦**。這也許會令你覺得困擾，甚至會影響彼此之間的情誼。

小美和小文是住在一起的好姐妹，小文常會向小美借衣服穿。剛開始小美並沒有覺得這有什麼不對，畢竟是好姐妹，可是後來小美發現，隨著小文這種行為的發展，她不安分的手逐漸開始伸向了屬於自己隱私的角落。

小文經常在沒有得到小美許可的情況下，查看小美的私人資訊，比如信件、日記，甚至連小美的存摺上的進出數字，小文也一清二楚。小文的舉動侵犯了小美的個人隱私，這讓小美很生氣，但小美擔心如果因此而指責小文，會影響兩人的關係，所以一直容忍。

有時小美也會採取一些隱晦的方式，暗示小文不要亂看自己的私人資訊。但是小文會笑著說：「我們關係這麼好，看看有什麼關係呢？妳也可以看我的嘛。」

有一次，小文竟然「借用」了小美的一對珍珠耳環。而那對珍珠耳環是小美的男友送的，小美特別珍愛，一直收藏在箱子的最底層，沒想到竟然被小文拿出來，戴在自己的耳朵上，四處炫耀。

一開始小美還不知道，直到有一天，在不經意間，她看到了小文耳朵上的耳環，覺得很熟悉，便說：「妳戴這耳環很好看，我也有這樣一對珍珠耳環。」小文笑道：「這耳環就是妳的那對，我借來戴一下。」

小美大吃一驚，同時心中怒火爆發，大罵小文：「妳怎麼可以這樣？沒有我的許可，就把東西拿走，這哪裡是借？根本就是偷！」

兩個人大吵一架，曾經的好友頓時變成了針鋒相對的仇敵，相互攻擊。

關係再好，也要保持一定的距離，這樣你才能有自己的空間，做事才會有轉圜的餘地。如果你不能與人保持適當的距離感，便會像小美一樣，毫無隱私。

有些關係不降溫，會破裂

為了保護你自己，你要懂得拒絕，給太熱的關係降降溫。關係就像人的腦子一樣，很容易出現狂熱的情況，一旦太過狂熱，便容易失去理智。這時就需要降降溫、潑潑冷水。保持理智，你才能巧妙的拒絕。有的人無法拒絕，實際上就是「燒壞腦袋」——失去了理性思考，**腦子裡只想著維護情誼，完全失去了自我。**

對於那些不斷向你靠近的人，你要把握分寸。如果對方靠得太近，就要及時喊停。不要像小美那樣，原本有多年交情的老友，就因為親密得有失分寸而分道揚鑣，能不令人扼腕嘆息嗎？親密過度，反而可能會影響友誼，最後導致情誼的「裂變」。觀察生活，你會發現這樣的友誼發展路線很常見。

如果我們不希望自己的細胞中有導致友情「裂變」的「因子」，就要學會迂迴曲折的拒絕對方無意中的「不尊重」，或是坦言相告，提醒對方不要越界。

對於朋友的請求，能夠施以援手的，便盡量幫忙；若不能，便坦誠以告。要敢於說出自己的意見，及時的給雙方的關係降溫，總比友誼最終破裂要好得多。

愛情需要適當的隱瞞和空間

其實不僅朋友之間要注意保持距離，即使是親密無間的夫妻、情人之間，也要適當保持距離。

小王結婚八年了，對於在家裡沒有一點自由的時間和空間感到很困擾，妻子跟他同進同出，對他的任何事情都十分關心。一開始他還覺得挺幸福，但隨著時間的推移，他越來越感到心力交瘁。

不可否認，妻子很愛他，但也許是太愛的緣故，妻子把他抓得緊緊的，不允許他和其他異性接觸。一旦涉及異性，妻子便特別敏感。在家裡，只要電話響起，她就立刻拋下手中的事去接電話。只要是女性找他，接電話的時候，她便一定會站在旁邊豎起耳朵聽。接完電話，他就會被盤問。他感覺妻子就像一個員警，而自己就像一個罪犯。

此外，妻子對他的前女友也耿耿於懷。其實自從分手後，他就再也沒有聯繫過前女友，但妻子還是不時的提起來。這些年來，他一直千方百計的尋找出去透氣的機會，但仍然擺脫不了妻子的過分「關心」。因為沒有自由空間，愛已經成了他的負擔，壓得他喘不過氣來。

在現實生活中，經常看到這種有壓迫感的「關心」，姑且認為這是太在乎的緣故吧。但是，**過度的親密是一種無形的壓力，會讓對方感覺壓抑而逃**

避，影響彼此之間的關係。

兩隻相愛的刺蝟，由於寒冷而擁抱在一起。但因為身上都長著刺，於是牠們隔開了一段距離；但又冷得受不了，於是又湊到了一起。幾經折騰，牠們終於找到一個合適的距離：既能互相溫暖，又不至於被扎。

有個離婚的男人說起自己的感受：「離婚沒有別的原因，只因為前妻要我毫無保留的把過去的一切都說清楚。她說這是為了信任。我想她說得很對。為了讓她放心，新婚之際，我做了**澈底的坦白**。**可是從那以後，我就成了透明的**，毫無自我可言。她在**責備我的時候**，**我的過去經常會被提起**，這讓我很不自在。」

人與人之間的相處須遵循著適度原則。這正是所謂的距離產生美感，靠得太近，並非好事。必要的時候，我們要拒絕太靠近，學會保持一定的距離。

2 對方刻意拉近關係，你務必堅持客氣

當對方與你拉關係、套交情時，你應該保持「客氣」，千萬不要淪為對方的感情俘虜，否則，你想再開口說「不」就難了。

對於拒絕來說，客氣非常重要，因為客氣可以幫你拉開彼此之間的心理距離。如果你不知道客氣，很可能讓彼此之間的心理距離過近，以至於使你的拒絕效果直線下降。

朋友打電話邀請小錢到家裡吃飯，說有事商量。小錢猜是借錢的事，不想去，於是找了個藉口，說公司開會，走不開。結果，到了晚上九點多，朋友又打電話來，問他：「會開完了嗎？就等著你開飯呢！」盛情難卻，小錢沒辦法推卻，只好赴宴。見面後，小錢很客氣，連

說抱歉。朋友責怪：「都是自己人，不用說這些。我知道你事情多，走不開，沒關係，我們是哥們兒，等你吃飯是應該的，怎麼還跟我客氣呢？」朋友這樣一說，小錢覺得挺不好意思：人家把自己當兄弟，自己卻跟人家見外，還躲著人家，這多不禮貌啊。

有了這個想法之後，小錢就不再客氣了。不一會兒，朋友果然說到借錢的事。在這種融洽的氛圍中，兩個人的感情又這麼好，小錢哪裡好意思拒絕？幾杯酒下肚，小錢非常爽快，馬上就轉了一筆錢給朋友。第二天醒來，小錢想起借錢的事後悔不已。

如果你想拒絕某些人，不妨學會客氣。在必要的時候，可以客氣一些，拉開彼此之間的心理距離，一方面能夠讓你的「不」更容易說出口，另一方面也能讓對方不好意思將請求的話說出來。**適當的客氣，會使對方覺得有種生疏感，這樣一來，彼此之間的心理距離就會拉遠**。

求人者喜歡拉近彼此之間的心理距離，以期得到更多的支援。所謂「一家人不說兩家話」，為了消除生疏感，他們會想辦法消除你的客氣，拉近彼此之間的心理距離。所以在客氣的時候，一定要堅定一些，不要像小錢一樣，一下子就被對方的誠懇打動。在現實生活中，很多人都是這樣迷迷糊糊的答應了對方過分的請求，對此我們一定要有所警惕。

說客氣話的時候，切記別與對方太貼近。有的人一邊說著客氣話，一邊又不斷的拉近彼此之間的距離。這是很不合適的，不利於拒絕。

在一般情況下，如果能給人一種敬而遠之的感覺，就比較容易把「不」說出來，並且不會有什麼心理負擔。也就是說，當對方與你拉關係、套交情時，你應該保持「客氣」，千萬不要淪為對方的感情俘虜，否則，你想再開口說「不」就難了。

在生活和工作當中，學會客氣沒什麼不好，學會多體諒別人、多考慮別人的感受，這對人、對己都有好處。行事說話帶點客氣，不僅有利於拒絕，也是一種個人修養。

3 直接拒絕會得罪人，改用「冷」處理

如果你要拒絕某人，一定要少笑，盡量擺出嚴肅的表情。在交談時，即便微笑著，也可以隨時中斷微笑，表明自己拒絕的態度。

心理專家認為，態度會影響心理距離。一般來說，熱情會讓人心生親近感，而冷漠則會讓人疏遠。根據這一規律，有人便提出了冷漠拒絕的方法。事實上這種方法是最自然的選擇，**期待溝通繼續進行下去的人，通常會表現得比較熱情**；反之，**表現得冷漠，則表示不希望溝通繼續進行下去**。

態度在一定程度上會影響彼此之間的關係，良好態度會讓我們顯得更加親切，這有助於心理距離的拉近；相反的，惡劣的態度則會讓人疏遠。對於需要拒絕的人，可以透過改變態度，以拉開彼此之間的心理距離。態度也能說話，如同你的嘴巴一樣。

冷漠是把利劍

冷漠拒絕法，經常會應用於某些剪不斷，理還亂的關係。比如盛情難卻的人情、糾纏的感情等。**直截了當的拒絕，可能會引起他人極大的反彈，這時，就可以採取**這種**冷漠**的處理方法。當你對人表現得冷漠的時候，自然能拉開心理距離。

冷漠態度的呈現主要在於表情的運用。表情不是靜止的，感情的變化會隨時在你的臉上顯示，從表情和態度上的改變，別人可以很輕鬆的看出你對他們的態度到底如何。因此，你要學會隨機應變，不能用單一的表情去應付不同環境下的不同人。就拒絕而言，當你擺出一副面無表情的樣子面對求助者時，拒絕的態度已經非常明顯了。

語言研究者經過研究認為，想要成功溝通，通常需要經過下述三個步驟：

首先，要透過耳、眼、鼻等感覺器官，接受外界的刺激而認知對方。如果在此階段能給對方所喜歡的強烈刺激，則幾乎不必交談，就能給他留下好的第一印象，大部分的人都會在這個階段努力使對方接受自己。

其次，刺激對方的感情讓他做出判斷。在此階段，我們會透過言辭做出判斷：這個人很有趣、好像談得來、想法獨特……。最後，肯定的資訊累積到某種程度時，便進行到引發動機的階段，至此才產生要不要付諸具體行動的決定性念頭。如果在我們的印象中，這個人很好，我們就會逐漸敞開懷抱，和他交朋友、答應他的要求。

因此，如果想拒絕對方的不合理要求，在第一個階段就表露出拒絕對方的態度最為有效。在認知階段，你可以擺出冷漠的表情，如果已經進行到第二階段、第三階段的溝通，要令其感到受挫是比較困難的。從第一階段的認知起，設法瓦解對方，讓對方得到外觀判斷的資訊，就是你努力的重點。

當然，有時我們要拒絕的人可能是我們較為熟悉的，通常已經過了認知階段。但是這並不代表冷漠拒絕的辦法沒有效果，它同樣可以拉開彼此之間的距離。對於拒絕來說，突然間的冷漠可能會更加有效。例如，**微笑中斷能使對方不安，就能使你更容易說出「不」來**，這種冷漠表達法可能會更加直接有效。

微笑表示溫柔、可愛、溫順，故很容易被人接受。它表示兩種意思：你所說的我很了解；我們是同伴、朋友。所以，當你想要接近某人的時候，可以微笑。微笑是使交談圓滿進行的潤滑劑。那麼倘若這個潤滑劑突然停止供應，會給對方的心理造成什麼樣的影響？

對應於微笑所具有的意義，則是表示「你的話我不懂」、「我和你不再是夥伴了」的信號。換句話說，如果想要終止和對方之間的談話，只要把原來露出的微笑中斷就行了，這樣對方會開始不安，會認為自己一直說下去的話會有問題。

因此，如果你要拒絕某人，拉開彼此之間的心理距離，一定要少笑，盡量擺出嚴肅的表情。在交談的過程中，即便微笑著，也可以隨時中斷微笑，表明自己拒絕的態度。

在和別人溝通時，如果採取一本正經的態度，擺出一副公事公辦或畢恭畢敬的樣子，似乎就是在告訴人們：「我不想和這件事有瓜葛，不想和你太靠近，我要掩藏自己，你們不要靠近我。」這樣做，拒絕態度就十分明顯了。如果對方知趣，通常都會退避三舍，又怎好意思向你提出要求。

態度是表達意思的雄辯語言，不過它有一個難點，就是與口頭的語言相比，不太容易把握分寸，要表達得恰到好處比較困難。如果僅僅作為口頭表達的輔助手段來用，對於態度表達來說，並不需要太多的要求，但是，如果要表達準確，則需要多加注意。

你可以這樣做：**開始時表現出輕微的冷淡，表示否定的態度。如果這樣不見效，再進一步表現更強烈的冷漠，表達拒絕態度**。這樣表達態度，逐漸推進，分寸也就更能掌握了。記住，在表達拒絕的態度時，千萬不要過火，以免因殺傷力太大而鬧出爭執。

4 講義氣，還是要論對錯

朋友相交，義氣只是一個補充，而不是準則。不要因為講義氣而來者不拒。

在與人相處時，除了說話方面不能太隨意之外，還有一點需要特別注意的，就是別太講所謂的「義氣」。義氣與心理距離有關，有的人因為心理距離太近，無法說「不」，結果鬧出許多不可收拾的事情來。

事實上，很多人心中都有「義氣情結」。但**朋友相交，義氣只是一個補充，而不是準則**。凡事都要有個尺度，朋友之間的義氣也一樣，過分的強調只會適得其反，其結果往往是害人害己。

在一般情況下，朋友在一起相處，互相幫助是件好事，但如果過分意氣用事，就很容易產生壓力。

首先，因為義氣，有的人在面對問題時，很難理智和清醒的思考，這會讓問題更難解決。其次，義氣有時會和法律有衝突，一味的以義氣為重，可能觸犯法律，到頭來受傷的只是自己。在這樣的情況下，明智的人是不會以義氣當先的。

有一個老實的農民，平時安分守己，什麼壞事都沒做過。但是，有一次，他的一個朋友找上了他。出於義氣，他就把朋友偷來的贓款藏在自己的被褥下。在他看來，自己只不過是在幫助朋友，對自己也沒有害處。但事情暴露後，他糊里糊塗的變成了窩藏犯，不僅連累了自己，還連累了家人。

中國漢代史學家、文學家司馬遷說：「人情莫不念父母、顧妻子。」再重義氣，也不能罔顧自己的親人。事實上，有時只是一時的義氣，就把美好的情感變成了「情劫」。光憑義氣行事的人往往以維持關係作為目標，這是盲目的。**真正的友誼應該是理智的、有選擇的。**

是義氣還是意氣？

朋友之間要不要講義氣？要！但是，不能靠義氣來維持彼此之間的友誼，更不能意氣用事。

曾強與小尹從小一起長大，是非常要好的朋友。有次，曾強提議一起開一家公司，並表示自己有門路。小尹本來不想開公司，覺得存在風險，但礙於義氣，還是和曾強合夥開了一家電腦公司。

然而，偏偏時運不濟，遇上電腦價格大幅度下調。原先的一些客戶也改採集中採購制度，因此公司失去了業務管道。結果公司不僅沒有像曾強預言的那樣賺大錢，反而背了一屁股債。

公司很快就倒了。此時，小尹非常後悔聽信了曾強的話，而曾強卻認為是小尹給他帶來了晦氣。結果，一對好友鬧得不歡而散。

講義氣要分人、分事。**親密的朋友並不一定能成為合作的夥伴，而有默**

契的合作者則可能會成為知心的朋友。在一些具體事情上，感情用事是絕對不值得的。僅僅用義氣、感情來強化彼此之間的關係，所帶來的往往是壓力和彼此的疏遠。尤其在行事方面，義氣所帶來的不一定是好結果。

總而言之，朋友相處一定要注意把握分寸，分清事情、分清對象，不能盲目，特別要注意心理距離的調整，不要因為義氣而來者不拒。

5 擴大地盤，對方不知不覺聽從你

每個人都有地盤意識。地盤越大的人，地盤意識越強烈，越容易拒絕他人；反之，地盤越小的人，地盤意識越薄弱，越難拒絕他人。

每個人都有地盤意識。當陌生人與我們靠得太近時，我們就會覺得警覺和不安，從而產生本能性的抗拒意識和逃避意識。這種意識讓我們學會控制與他人之間的距離，以保證自己內心的穩定與安寧。所有人都會透過距離的調整，來表達自己內心的厭惡與喜歡。**距離上的遠離，幫助我們表達自己的拒絕之意；而距離上的靠近，則讓人體會到接受和靠近的意圖。**

在派對中，如果仔細觀察歡談中的人們，就會發覺交談中的人們彼此間的距離遠近不一。這種距離的差異和親疏度相關，距離越近，表示他們的關係越親密。

面對一個並不太熟悉的人，我們則會傾向於站在邊邊，擴大與對方之間的心理距離。這種下意識保護自己的做法，似乎在告訴對方：你不要靠近我，你的靠近，會讓我感到不安。當我們看到喜歡的人時，即便是第一次見面、不好意思說親近的話，也會努力透過靠近對方的方式，來表明自己的心意。

這種地盤意識下的距離調整，幫助我們能更好的表達心意。由此可見，**地盤意識會間接的影響我們的拒絕行為選擇**。對此，我們應該有所了解，以便在面對他人的請求時，能更加清楚的明白自己的心意。

那麼，地盤意識對拒絕的產生有何意義？你或許會覺得兩者之間毫無關聯，但其實關係很大。地盤越大的人，地盤意識越強烈，越容易拒絕他人；反之，地盤越小的人，地盤意識越薄弱，越難拒絕他人。

多觀察身邊的事物，就可以了解人們內心的地盤意識的強弱。那些喜歡宏大事物的人，通常地盤意識比較強烈。而擁有了宏大事物的人，事實上具有更為強大的拒絕力。這一點從辦公桌的大小上就可見一斑。甚至，有的人還會運用這種地盤觀念的代表性物品，強化自己的拒絕態度。

用道具畫出地盤

當你被主管叫到他的辦公桌前時，縱然面對平時能毫無拘束交談的主管，也會覺得很難說出話來。

為什麼會這樣？因為桌子是對方的自我延伸，它會讓你的心中自然形成一道看不見的牆，拉開彼此之間的距離。此時你會覺得對方與你離得很遠，你們根本沒有想像中那麼親近。

桌子如此，其他物品也是如此，都可能會被我們的潛意識當成自己的地盤。有這樣一種現象：平日裡連一隻螞蟻都不願踩死的男人，一旦手握方向盤，就會像變了一個人似的。要是有人超車，他就會想著超越別人。這也是因為自己的地盤擴大到車子本身，感覺到在平時不容入侵的距離內有陌生人的存在。在這裡，自我被擴大到車子上了。

這樣看來，想說「不」時，桌子可作為有效的武器使用。比如，想對同事說的話表示「不」時，不要走過去，而是把對方叫到你的桌子前。桌子會成為你的自我延伸，就更容易說出「不」來。而且，桌子在你和對方之間形成看不見的心理牆壁，這種間隔感，更有助於你說「不」。

如果你面前的桌子不夠大，製造的距離不夠，你可以在桌子上放一些東西。透過身邊的一些小道具，也可以做一些間隔動作，比如將香菸盒、打火機、袖珍型書本、口香糖、小錢包、鑰匙包等小物品，放在兩個人中間，這會形成一種間隔感。

如果你覺得間隔行為有些被動，則可以採取更加主動的入侵行為，逐漸進入對方的地盤，打擊對方的氣勢，讓對方不安。這種入侵的動作，表現進攻的態勢，可以幫助我們強化拒絕態度。

假設雙方隔著一張圓桌相對而坐，你把菸盒放在自己的面前，接著，一邊談一邊把盒子慢慢推向對方那邊，或者用手指將菸灰缸逐漸推向對方那邊。打火機也可以這樣推進，若無其事的放在靠近對方的位置。這樣，菸灰缸、香菸盒、打火機，全都排列在緊靠對方的位置。你**在雙方之間的物理空間上，製造出了強勢入侵的態勢**，必然會影響雙方的心理。這將幫助你更加堅決有力的表示拒絕。

隔著圓桌相對而坐時，我們會下意識的在圓桌的中心，畫一條看不見的線，把領域一分為二。這也就是在暗中承認兩人在空間上處於對等的立場。而讓小物品侵入對方的空間，則等於把自己的領土擴大，對方的地盤被我方擾亂了，當然會引起心理上的動搖。

有個推銷員，旅行全美，推銷他的輪胎。當他進行說服時，便會使用入侵的動作來獲得成功。每次到顧客那裡時，他總是把輪胎豎立在自己的身邊，一面進行商談，一面自然的把手放在輪胎上，抓住它，慢慢的推向對方那邊。

對方當然會注意到這個輪胎，會不斷的看它。他抓住某一個適當的時機，把輪胎輕輕的推滾過去，顧客不得不接住它。直到商談結束為止，這個輪胎一直在顧客手中。顧客在不知不覺中，接受了他的說服。

由此可見，表達不僅要靠嘴巴，還要懂得動腦筋。在拒絕的時候，我們也可以採取這種方法，以增強我們的拒絕能力。

第四章

不好開口，就用身體語言

有時候，即便不開口說話，也能準確表達拒絕的意思。在這個過程中，身體語言發揮了重要的作用，一個小小的肢體動作，便能表露自己內心的真實想法。

1 不說「不」也能拒絕的六種方式

說「不」時，應盡量讓自己顯得高大——如果你的身形不夠高大，你要盡量正襟危坐，挺直你的腰身，這會增加你拒絕的氣勢。

表示拒絕，並不是只能依靠對話。身體的動作也可以表達拒絕的含義，這就是有關拒絕的身體語言。比如，搖頭便是最常見的拒絕動作。當新生兒吸吮了足夠的奶水後，他就會左右搖晃腦袋，以此抗拒母親的乳房。幼兒在吃飽了以後，也會用搖頭的動作來拒絕長輩們餵食的湯匙。人們在很小的時候，就會使用搖頭來表達拒絕。

由此可見，拒絕的身體語言，其實比口頭語言更早出現。當然，拒絕的身體語言絕不只是搖頭。在拒絕的時候，如果能夠適當的採用肢體語言，便可以增強拒絕的效果。下面為大家介紹幾種有效的拒絕姿態和動作：

1 正襟危坐，挺直腰身。

在動物的世界裡，我們看到狗、貓或猴子等動物打架時，牠們全身的體毛都會豎起來，直立的毛髮使得牠們看起來很龐大，為什麼牠們要這樣做？其實答案很簡單，因為牠們要讓自己的身體看起來很大，以使自己顯得氣勢驚人，從而威嚇敵人。事實上，人的一些行為，有時也會表現出與此相同的情形。

將人類與其他動物的行動做對比，可以幫助我們理解身體語言。比如人與人打架時，面對面的兩個人，總是無意識的**聳起肩膀，張肘使勁**。做出這種動作的目的，與那些動物豎起毛髮的目的是一樣的，也是想讓自己看起來高大、壯大氣勢。

一位西裝店老闆說，他的顧客十之八九都要求不要把西裝做得太合身，而要做得寬鬆一點。這不是為了穿著舒服，而是為了讓自己的體型顯得更壯碩一些。我們常看到一些小夥子把外套搭掛在肩上，走路時雙手擺動，動作幅度挺大，其實這也是努力想讓自己顯得高大的一種表現。

高大的身體能夠給人更大的壓迫感；對於拒絕而言，也十分有利。胖子要拒絕瘦子往往會比較容易些，而瘦子要反抗胖子，從觀感上來說，會給人一種自不量力的感覺。

所以，**說「不」時**，畏縮身體是不智之舉，**應盡量讓自己顯得高大——如果你的身形不夠高大，你要盡量正襟危坐，挺直你的腰身**。這會幫助你說「不」的效果更好，增加你拒絕的氣勢。另外，要特別說明的是，傲慢的動作，如頭抬高等，也可以運用於拒絕中，增強拒絕的效果。

2 緊張與放鬆交替，張弛有度。

在電視新聞發布會的現場，觀看主席臺上的人的動作，你會發現，他們不斷的交替變換身體的姿態，特別是在發言時，有時是放鬆的背靠椅子、有時則眼神嚴厲的將上身探向前，尤其是面對敏感問題時，即便言辭閃爍，動作變換也會特別頻繁，這樣顯得氣勢逼人。

這種張弛有度的動作，已經成為閃躲對方攻擊的有力武器，在心理學上廣為人知。根據國外的研究，當一個人**交替重複放鬆態度和緊張態度時，會使對方無從理解你的肢體語言**，以致失去說服你的線索。

比如，最初採取倨傲自大的開放性姿勢，腳伸到前面去，兩手在頭部後面交疊，這是代表性姿勢。接著，挺直背部，身體向前面微微探出，做傾聽狀，面對對方。

這一連續的動作會影響對話人的注意力，導致對方喪失目標。第一個姿勢是放鬆的，會讓人覺得自己的話無趣；第二個姿勢是緊張的，會讓人覺得自己的話有趣。**重複變換姿勢，就會讓對方不知道你的興趣在哪裡**。

在拒絕的過程中，如果你能夠不斷使用這種變換的動作，便可以在不知不覺的情況下，消磨掉對方繼續說下去的信心，化解對方的氣勢，讓你的拒絕更加有力。

3 雙手交叉在胸前、兩腳重疊。

觀察捷運座位上的乘客時，常會看到一些人雙手交叉在胸前，兩腳重疊。他們那種拒人於千里之外的動作，讓人們都不好意思站在他們的面前。這個動作在日常生活中很常見。按照達爾文的說法，這種姿勢在世界各地似乎都表示防衛。我們常常見到老師們擺出這種姿勢，醫生在同行中也愛做出這樣的姿勢，小孩在反抗父母的說教時，也會這樣。

這似乎是對料想到的攻擊所採取的一種警戒措施，或表示個人立場的堅定不移、拒絕改變。在談判的過程中，很多人都會用雙手抱胸的姿勢，來表示自己拒絕妥協的態度。**當你要表達拒絕，或堅持自己立場的時候，也可以將雙手交叉，置於胸前，那樣會讓你氣勢倍增。**

4 腿部動作表達拒絕和反對。

孩子想要出去玩，但是被父母阻止了。「你應該預習功課。」父母對他說。「可是我看書看了很久，想出去玩一會兒……」孩子哀求道。當父母堅定的拒絕後，無力反抗的孩子只好回到書房裡繼續學習。過了一會兒，書房裡傳來敲打地面的聲音。「你在做什麼？」父母打開書房門，問孩子。只見孩子用腳跺了跺地面，說：「沒什麼，鞋子好像有點不舒服。」

雖然孩子沒有說出心中的不滿，但是他的雙腳已經很明顯的表達出了他內心的憤怒。在表達憤怒的情緒方面，腿部動作除了跺腳之外，還有踢東西。人們常常會用踢的動作來表達自己憤懣不平、抑鬱不舒的情緒。另外，來回走動的動作除了表現緊張、焦慮和不安之外，有時也會在憤怒時出現。

如果對方不想說話，對你的觀點不表示反對，而你卻看到對方有微微跺腳的動作，那麼說明對方內心對你的觀點其實是不贊同的，但他可能由於某種原因，不願表達意見。然而，他的腿部卻不受控制的表達出了內心深處的抗議。

當我們焦慮時會來回走動，生氣時會跺腳或踢東西，當我們想要逃跑的時候腳會往後退縮，並且腳微微移動朝向最近的出口……這些腿部的動作似乎給我們這樣的一種感覺：每一種情緒都有與之相對應的腿部動作。

5 把玩身邊的東西。

有一位評論家，每逢有自己不喜歡的訪客到來，他就會一邊說話，一邊整理自己的名片，這樣的動作往往會使對方失去聊下去的興趣，而選擇離開。不過也有不少訪客根本不受他動作的干擾，堅持不走。碰到這樣的人，他就開始解週刊上的猜謎，想一會兒、寫一會兒。對方見此，通常就不得不知難而退了。

6 設置鬧鐘，限定談話時間。

有位公司老闆為拒絕他人長時間的拜訪，常常會事先給自己定一個鬧鐘。由於有一種鬧鐘一響談話便可結束的安心感，故能熱心傾聽對方的話。不一會兒，期待的鈴聲響了，他就會不勝遺憾的說：「哦，時間已經到了。我要去……」這樣一來，交談就可以結束了。

除了上述的幾種動作技巧之外，還有諸多表情動作，也可以說「不」。多數人習慣用撇嘴、聳鼻子、皺眉頭等表情來表達自己對事物的厭惡和拒絕。在溝通時，也可以嘗試採用，以增強拒絕效果。有些拒絕動作屬於本能反應，有些則需要我們自行學習和訓練。

2 視線游移，避免眼神接觸

如果你需要拒絕不合理的請求，則要盡量避免和對方眼神交流。如果無法避免，可以用無可奈何的笑容來表示。

眼睛是心靈之窗，善於傳情達意。在溝通的過程中，人們通常會採取積極的眼神交流。相信很多人都接受過這樣的禮儀教育：跟別人交流時一定要看著對方的眼睛，這樣做一方面是一種尊重，另一方面也有利於情感的交流。

有一名推銷員剛到職時，不太注意眼神交流，因此業績並不好。有一位顧客來店裡買車，他向顧客詳細的介紹了一款車，就在快要簽約的時候，顧客卻掉頭走了。推銷員很疑惑：「我什麼地方得罪了他嗎？」

他很想弄明白這個問題，於是便冒昧的打電話過去，問那名顧客為什麼改變主意？

那名顧客很坦率：「年輕人啊，你很不專心，我覺得你似乎並不在意你所賣的車，你看上去很了解它們，但是在介紹車子的時候，卻還在跟另一位同事聊昨天晚上的球賽。你這種敷衍的態度，讓我不敢確定你說的話是真的。」

避免眼神交流，視線要游移

事實證明，缺乏眼神交流，不利於溝通。如果你想讓人答應你的請求，就要積極的與人進行眼神交流。相反的，**如果你需要拒絕不合理的請求，則要盡量避免眼神交流**。

所以，如果你要說「不」，就盡量不要對上對方的眼睛。你如果想要盡快結束談話，可以避開對方的視線或低下頭，誘導對方移開視線，接著交談自然而然就會結束了。有的人或許使用過這樣的方法，結束不願聽的冗長的牢騷話。這種視線游移，可以表示心不在焉。很顯然，這會讓說話者失去訴說的興致。

根據一些研究人員的觀察，**人在視線碰撞的過程中，會產生緊張的心理**。這樣的緊張會衍化成兩種不同的情況：**要麼變得積極、熱情，要麼變得不安、焦慮**。

仔細觀察生活中的一些現象，就會發現確實是如此。在餐廳吃飯時，一個正在吃飯的人，無意間對上鄰座一個滔滔不絕的客人的視線之後，這個客人的動作就會突然間變得生硬起來。這是視線碰撞導致緊張，而衍化成不安的情緒反應。

平時說話滔滔不絕的人，一旦站在人群面前，就會講得結結巴巴。有些人平時話不多，但是站在講臺上時，就會變得激情四射，講起話來特別有力量。

這些例子告訴我們，一個人只要意識到別人的視線鎖定在自己身上，就會有緊張感，可能導致不安情狀，也可能導致積極情狀。

在拒絕時，你可以多用閃爍的眼神，視線不時的與對方的碰撞。但要注意，在視線碰撞時，不要被對方的眼神吸引住，形成注視。**注視會激勵和鼓舞對方說話**，這樣一來，對方會變得滔滔不絕，你將會變得疲於應付。

當有意向與他人交流時，人們總習慣於尋找對方的視線，就好像植物尋找太陽的光線一樣，目的就在於更加順利的交流；如果眼神游移、閃躲，則會讓人失去焦點，很難專心交流。所以面對面坐著時，把自己的視線移到對方的視線之外，是擊退對手的方法。為了避免注視對方，你要盡量讓自己的眼神游移得自然些。

若你有足夠的理由拒絕對方，那麼你可以用坦然的眼神看著對方，說出你拒絕的緣由。然而，如果你找不到更好的理由來拒絕，則可以躲避對方的眼神。對方從你閃爍的眼神中，就可以看出你的態度。

眼神游移、閃爍，表達內心的猶豫和感情的羞愧，同樣這種眼神也可以為我們下面要說出來的拒絕話語預熱。當對方看到你眼神不定的時候，他的心中通常會產生不妙的感覺，這種預熱可以讓對方對接下來的拒絕有心理準備，這樣也就沒那麼尷尬了。

有的時候，甚至不需要開口拒絕，僅僅游移不定的眼神，就能讓對方不好意思將要求說出來。當然，也有人明知道你想表達的意思，卻故作不知，繼續向你提出要求，這時，你可以將拒絕挑明。

如果你無法避免眼神的交流，可以用無可奈何的笑容來表示拒絕，實際上這種辦法要比躲避對方的眼神好一些，至少這會讓對方感受到你的真誠。但是這種辦法的缺點也很明顯，它會讓對方覺得你有意幫忙，卻因為某些原因無能為力，因而對你提出其他請求。

眼神被盯住，那就站起來走走

在拒絕時躲避對方的目光還有一點好處，就是讓你更加順利的將「不」說出來。你可能有過這樣的困擾：在對方灼熱的目光下，你發現自己突然失去了所有的勇氣，「不」就在嘴邊，可偏偏說不出來。這就意味著在視線碰撞中，你容易落入下風，你的緊張感沒有變成積極情狀，為你增加拒絕的氣勢，反而變成了焦慮和不安，這顯然不利於你的拒絕。

被人盯住，難以開口說「不」，怎麼辦？這個時候，你可以站起來走動，或拿一個東西，背過臉去，這樣「不」就容易說出來了。比如一邊遞茶給客人，一邊從客人背後或旁邊開口說：「那件事實在有點……」。

其實生活中我們都有類似的習慣性的行為，目的就是避免視線碰撞而不利於拒絕，只是我們沒有注意罷了。我們常常從對方背後拍著他的肩膀說：「明天不能去你那裡，真抱歉……」這樣的拒絕方式不但很容易說出口，而且能避免強烈的視線碰撞，而造成不快的感覺。

3 制止對方說下去的明確暗示

傾斜你的身體，側身對著對方。這會使對方產生坐立不安的感覺。即便你不說話，氣勢也已經把你拒絕的意思傳達給了對方。

我們常從小孩身上看到這種現象：本來並不傷心，但為了引起父母的注意，假裝哭泣，結果真的哭了出來。小孩會先用手捂住眼睛，發出嗚嗚的聲音，擺出一副要哭的架勢，但是假哭畢竟是假哭，很容易被看穿，那怎麼辦？他會琢磨該怎麼做才顯得更真實，甚至會想怎麼才能哭出來，然後去模仿哭泣。不久就會莫名其妙的迷失在悲傷的氛圍中，於是假哭變成了真哭。

美國心理學家威廉．詹姆士（William James）說：「感情能以動作的調整，予以間接的調整。當你失去快樂時，最好的恢復快樂的方法，便是裝成快樂的樣子行動、說話。」他認為，給人的身體以刺激，身體便能產生反射性的變化，其結果是引發悲傷或歡喜的情緒。

用身體動作營造氣勢

事實上，所有人都會透過動作來加強自己的表達效果，當然在拒絕的時候，同樣也可以透過動作增強拒絕的意志。當你要說「不」的時候，可以傾斜你的身體，側身對著對方。採取這個姿勢，即便你不說話，氣勢也已經把你拒絕的意思傳達給了對方，而且這是一種攻擊性的姿勢，可以說明你的「不」並不是隨便說說而已。

當你採用傾斜身體的非對稱姿勢面對他人，就會使對方產生坐立不安的感覺。該動作源於戰鬥姿勢，在不少的武術當中，都會使用這一姿勢迎敵。當你將自己的身體側對某人時，就有一種迎戰的意思在裡面。在拒絕的時候，如果採取這個姿勢，會富有侵略性，表現出強硬的拒絕和對抗態度。

除了側身面對人說話可以增強個人的氣勢之外，還有一些其他的動作也有同樣的效果。當我們被侵犯時，身體會做出一些代表否定意義的動作。

剛開始時，**晃動上半身，移動腳部，用腳尖踩踏地板**。這些動作屬於第一個階段，它在預告：「你太靠近，我會坐立不安。」接著，**閉上眼睛，收起下巴，彎下背部**，用這些動作來表示：「你在這裡會妨礙我，你已經侵入我的領域」。

一部分心理學家認為，在遭遇他人的入侵，自身感到不安的時候，每個人都會有類似的行動。**這些行動在強化我們內心的拒絕意識**。所以對於纏住你不放的人，不妨先移動你的腳，或用腳尖踩踏地板，接著閉上眼睛，收起下巴，用這兩個階段的戰術將他趕跑。

以柔克剛

除了這種略顯侵略性的動作之外，還有一種顯得較為柔弱的動作也有極好的拒絕效果，那就是表現自身身體狀況不佳的動作。

妻子因丈夫整日忙於工作而感到孤獨，時間久了，對丈夫變得冷漠起來。於是丈夫責備妻子變心。其實妻子根本沒有變心，但也許是對自己的行為感到愧疚吧，並沒有氣憤的駁斥丈夫。

她一邊看著丈夫越來越激動，一邊用拇指和食指用力按了一下眉毛下凹陷的部位。這是一個很明顯的表現身心疲倦時常做的動作。

丈夫見此，突然閉上了嘴巴。妻子看丈夫不再說話了，便囁嚅道：「對不起，你繼續說。」之後，丈夫單方面的指責又繼續下去。不久，妻子的那個動作又再一次出現。妻子的動作重複幾次之後，丈夫便將嘴巴緊閉上，一句話也不說了。

這樣的情景是不是很熟悉？在戲劇、影片或生活中，我們都見過或曾經歷過。為什麼回憶這些情景？因為在那個妻子的動作、態度中，隱含著用肢體語言來表達「不」的方式。

妻子始終沒有說一個「不」字，只不過偶爾應和丈夫的激烈言辭。可是最後，丈夫卻放棄了指責。出現這種結果，與她偶爾做的按眉毛下方的動作有很大的關係。

肢體語言的研究者認為，這種表示身體狀況不佳的動作，是向交談對象發出否定的資訊。比如轉動脖子、用手帕擦拭眼睛、按眼瞼、拍肩膀、按太陽穴以及上述按眉毛下方的一連串動作，都是身體發出的拒絕信號。

這些動作直接的用意是消除身體的不快感、疲勞感、倦怠感，同時，也可以說是在發出這樣的訊息：「你的話使我生理上疲勞、心理上倦怠，希望你早一點停下。」又可以認為這是在要求改變話題，或者加快講話的速度，至少它具有打斷對方說話的作用。

當這些動作並非聽者有意的做出來時，說者會無法應付。在上面的例子中，妻子一邊做這個動作，一邊賠不是，這裡面有這樣的意思：「我本想聽你說話，無奈我的身體違反了我的意志，在表示它的不愉快和無法適應。」即使是有意的做出這種動作，對方對這種無言的拒絕也無可奈何。

分散對方注意力

此外，使用小道具轉移別人的注意力，也可以增強你的拒絕效果。訪談的時候，如果覺得難以回答，有的人會清清嗓子或者調整坐姿，這其實就是一種化解對方攻勢的技巧。當別人對你提出不合理的要求時，你可以摘下眼鏡，以這個小動作為契機，關閉你的心扉。

一開始就說「不」，會使對方產生不快的感覺，所以在拒絕之前，最好擺出認真傾聽的姿勢。等談到某一個階段時，你就打開面前的報紙，以發出「你的話到此為止」的信號。對方起初不會察覺，還是會繼續說下去，慢慢的，他會發現你應答的態度有了變化。你就趁著這個機會不經意的翻翻報紙，這一回，對方會很在意你手上的動作，注意力就集中到了你的手上。你也可以翻一翻擺在面前的資料夾，或者其他什麼東西。

強化拒絕的動作當然不只以上所說的幾種，還有諸如轉頭或轉身，也是可以有效強化拒絕的常用動作。攤手、撇嘴、聳肩三個動作連續出現，同樣能夠強化你的否定。對於這些動作，在拒絕的時候，你可以靈活的加以運用，必會收到良好的效果。

總而言之，當你想要表達拒絕的意思時，並不是只能使用口頭語言，透過話語來表達否定的觀點。運用肢體語言來表明拒絕，也是你的選項之一。

在某些時候，巧妙的使用一些小動作，可以含蓄的向對方傳遞拒不接受的資訊。這樣做，能讓對方知難而退，避免出現過於尷尬的場面。

4 別讓行為出破綻。不碰對方遞來的物品

當人們內心軟弱，感到不安的時候，就會不自覺的去觸摸身體的各個部位。人一旦陷入窘境，其無意識的動作便會暴露出弱點來。

在強化自身拒絕力的同時，我們不能忘記減少自己行為上的破綻。在拒絕的過程中，我們要努力學會使用一些適當的動作，以增強我們的拒絕力。而與此同時，我們更要注意的是，盡量避免那些不利於拒絕的動作，免得給對方留下可乘之機。

事實上，有些人的拒絕效果不好，並非不懂得拒絕技巧，而是因為輕忽自己的不恰當動作，以至於讓人抓住機會、攻破心防，最終導致拒絕行動的失敗。所以在拒絕時，一定要避免做不利的動作——尤其以下這兩種：

1 無節制的觸摸自己的身體。

與人交談時，有的人喜歡觸摸自己的身體，一會兒摸摸頭髮、一會兒用手捏下巴、一會兒搓手指，似乎很不安的樣子。倘若在約會時有這樣的動作，表示你內心有點緊張，這是無可厚非的，或許會讓對方覺得你性格有些軟弱，但同時也會讓人對你感到放心。

不過在表達拒絕的過程中，這種動作卻是禁忌，因為它會透露出你內心的軟弱和不安。如果對方正好善於說服，就很容易被對方看穿這一點，對方就會抓著這個點，逼你答應他的請求。

當人們內心軟弱，感到不安的時候，就會不自覺的去觸摸身體的各個部位。人一旦陷入窘境，其無意識的動作便會暴露出弱點來。

在公園裡，我們看那些晒太陽的老人，會發現他們總是在不停的搓著雙手。為什麼會這樣？他們這樣做並不是因為寒冷，而是一種內心需求的反映：想要訴說寂寞、渴求交談對象。對於這樣的老人，如果你走近，他們可能會主動和你交談，而且，他們的話往往會特別多，因為他們渴望交流。

心理學家認為，隨時隨地觸摸自己的身體，其實是一種心理上的自我安慰。那些內心軟弱、感到不安的人，通常會在交談的過程中無節制的觸摸自己的身體，一會兒摸摸鼻子、一會兒扯扯耳朵、一會兒撓撓頭。當他們遇到自己不願意接受的事情時，通常很難拒絕，即便說了「不」，聲音也會比較小，缺乏氣勢。

人們在表現個人強硬形象的時候，不會隨意觸摸自己的身體。仔細觀察電視上的政治家和企業家們，他們在發言時，動作通常都非常規矩。絕不會摸鼻扯耳，因為這些動作會暴露他們內心的軟弱。他們會連續數個小時保持立正的姿勢演講，因為這樣才顯得有氣勢。

如果你要拒絕別人，就要注意自己的動作，不要隨便觸摸身體的各個部位，以免給人留下軟弱的印象，而導致拒絕力減弱。而內心軟弱的人更應該不時反省自己，是做著什麼樣的動作在說話。

2 碰觸對方遞過來的東西。

在大賣場，你是否看過這樣的場景：好奇圍攏過來的顧客們起初只是遠遠的站著看。叫賣者喊：「大家都過來瞧一瞧、看一看，走過路過，不要錯過，東西好、價錢便宜，不好不用錢。太太，來拿去看看。」說著叫賣者拿起面前的一件商品，遞給一位顧客。顧客接到手裡摸了摸、看了看，然後把商品遞給其他顧客。與此同時，四周的顧客爭先恐後的湧向商品，各自拿起一個仔細的端詳。

讓顧客觸摸商品，是極為常見的銷售技巧。乍看這只是普通的銷售方法，沒什麼特別的地方，其實其中包含了深刻的心理學知識。賣家將商品遞給顧客的目的，並不是要顧客確認商品的好壞，而是要讓顧客觸摸商品，得到實實在在的感受，從而更容易接受商品。我們對沒有親手接觸到的東西，總是會有所懷疑。縱使對象是物品，也容易使我們的心理狀態發生改變。

想要拒絕的時候，這種體驗的做法當然是禁忌。經常有這樣的事情發生：原本無心購買的商品，因為拿起來試了試，便不知不覺的決定購買了。這種情況並不限於商品。

有一次，有位推銷員前往客戶那裡洽談，由於換衣服匆忙，以致把口袋裡的鋼筆遺忘在公司裡了。當和客戶開始洽談時，要核對文件、計算資料，他就不得不使用對方遞過來的鋼筆。對此，他感受到一種無言的親近感，因而產生一種很難拒絕的心情。在接下來的交談中，他做出了很多的讓步。儘管不能確定就是因為接了對方的東西，但是他親身體會了拒絕時的那種不好意思的感覺。所以**如果你想拒絕對方，最好不要碰觸他遞過來的物品**。

俗話說：「拿人手短，吃人嘴軟。」接了別人的東西，當別人來求你的時候，就難免會不好意思拒絕他。才剛剛接過對方的東西，馬上就對他的要求表示拒絕，這樣的事情怎麼說得過去？

如果你收了別人的東西，一定要注意了解對方給你東西的目的何在，為了有利於拒絕，必要的時候，可以將對方所送的東西退還。如果涉及公事，退還禮品時，你可以告訴對方：「感謝您的好意。不過，公司有規定，我不能接受這件禮物，必須將它退還給您。」

如果是私人贈送，你不想接受對方的東西，可以簡明扼要的說：「這件禮物不合適，我不能收。」如果對方打電話來問你為什麼不收，你可以明確告訴他：「我們之間的關係還沒有親密到讓我能接受這樣的禮物。」如果對方堅持，你只須說：「我已經解釋過了，希望你不要讓我為難。」

總而言之，盡量不接受對方的東西，無論是禮物，還是其他東西。如果你不接受對方的東西，而對方直接將東西放在你的面前，一定要記住，立刻送回去給對方，千萬不要耽誤時間，免得引起不必要的麻煩。而且，你要防止對方將東西交給你之後就此消失，以免「退貨無門」、不得不答應對方的要求。

第五章

有效且不傷人，拒絕的話這樣說

拒絕他人是一種應變的藝術，而「有效且不傷人」又是這門藝術中的最高境界。不僅能讓對方知難而退，還能讓人心情順暢，實在是一種高明的人生智慧。

1 拒絕的話語不能赤裸，得穿上衣服

先同意再表達遺憾、敷衍式回答、答非所問、引用名言來拒絕、使用商量的語氣等，都是拒絕的好技巧。

做老實人、說老實話，這是沒有問題的。但有些人一下子就走上了極端，做什麼事情都不會轉彎，一味的直著來，光想著自己要做「老實人」，根本不考慮他人的感受，這就不是正直，而是莽撞了。

事實上，即便你想做直率的人，也是可以委婉的說話，這並不妨礙你。言語是需要包裝的，否則不雅觀，會傷人，就像我們不能光著身體出門，需要穿好衣服。同樣的，拒絕的話也需要「穿衣服」，這「衣服」就是委婉。拒絕還是委婉一點好，因為**委婉更有助於化解尷尬**。

華歆是三國時期的名士，曹操聽說華歆的名聲，便要皇帝下一道詔書，把華歆召至許昌任職。許多親友聽到了這個消息，都帶著黃金和禮物趕來相送。

華歆不想收這些禮物，但是他又擔心直接拒絕會讓親友們不高興，會傷害彼此的感情。於是他便暫時來者不拒，將禮物統統收下來，然後偷偷記下送禮人的名字。

華歆設宴款待眾多親友，在酒宴即將結束時，華歆站起來對他們說：「我本來不想拒絕各位的好意，卻沒想到收到這麼多的禮物。但是，『匹夫無罪，懷璧其罪』。我現在要單車遠行，身邊帶著這麼多貴重的東西很不安全，諸位想必不會讓我冒險吧？」說著就將那些禮物拿出來，按照記下的名單，一一奉還。

親友們聽出了華歆的意思，知道他不想收受禮物，卻如此照顧大家的感受，心裡對華歆生出一種敬意，便取回了自己的東西。

假使華歆當面謝絕親友們的饋贈，試想這麼多人，不知道要婉拒到什麼時候，也不知要費多少口舌，這樣大家都會覺得掃興，且多麼尷尬啊。而華歆只說了幾句話，便退還了眾人的禮物，既沒有傷害大家的感情，又贏得了眾人的嘆服，真可謂一箭雙雕。

華歆為什麼能夠成功的謝絕饋贈？這主要是因為華歆顧慮別人的感受，他在拒絕親友時，找了一個理由，說帶太多貴重物品不安全。親友們雖然知道他是在故意推辭，但不會覺得不愉快。

說不，不能讓別人難堪

每個人都會說「不」，但怎樣說「不」，需要費一番思量。如果能夠做到不傷害對方，也不使自己為難，才是拒絕的上上策。為此，應該摒棄那種粗魯的拒絕方式，採取更加委婉的方式。

邱吉爾（Winston Churchill）不喜歡老把孩子掛在嘴邊，所以他很少和別人聊孩子的話題。有一次，一位大使對他說：「溫斯頓．邱吉爾爵士，您知道嗎？我還一次都沒跟您說起我的孫子呢。」邱吉爾拍了拍他的肩膀說：「我知道，親愛的夥伴，為此我十分感謝。」邱吉爾的回答非常委婉，但他拒絕的意思表達得很清楚。

同樣的意思，用不同的方式表達出來，給人的感受是不一樣的。你可以嘗試著比較一下「我認為你這種說法不對」與「**我不認為你這種說法是對的**」、「我覺得這樣不好」與「**我不覺得這樣好**」。我們不難發現，儘管前後的意思是一樣的，但在拒絕別人的時候，顯然後者更為委婉，較易為人所接受，不像前者那樣有咄咄逼人之勢。

五個拒絕請託又不傷感情的技巧

委婉的話用於拒絕中，可以很好的化解尷尬，可惜生活中有不少人不擅長用委婉的話來表達拒絕，結果經常帶來一些不必要的麻煩。其實只要平時多注意一點，掌握一些委婉拒絕的技巧，是完全可以消除這些尷尬。以下是幾種委婉拒絕的技巧，可以學習和借鏡：

1 先同意，再表示遺憾。

這看上去似乎有點自相矛盾，其實並不是。這樣做的好處在於，你可以很快消除拒絕的尷尬。有人邀請你週末去郊遊，而你週末早已有了安排，怎樣委婉拒絕他？你可以說：「郊遊？太棒了！我早就想和你一起到郊外玩了，可是……」由於你對沒有答應他的要求表示了遺憾，他雖遭到拒絕，但還是會理解你的。

又比如，別人要加重你的工作，拒絕時，可以這樣說：「沒問題，但是現在我手上的工作就像一座座山一樣。你能不能過一個月左右再來找我？」這種回答表面上沒有斷然的拒絕，而是把主動權交到對方的手中，實際上已經婉拒了對方。

2 敷衍式回答——決定權不在你。

把矛盾引向另外的地方，告訴對方：「我不是不幫你，而是我幫不了」。例如，有人託你辦事，你不好當面拒絕，便可以說：「我不是這個專案唯一的負責人。你說的這件事，需要大家討論，才能決定。不過，這件事恐怕很難通過，最好還是別抱什麼希望。如果你堅持，待大家討論後再說吧，我個人說了不算數。」對方聽到這樣的話，通常就會無奈的說：「那好吧，既然是這樣，我也不難為你了。」

3 答非所問。

對方說：「此事您能不能幫忙？」你可以說：「我一會兒要去參加一個重要的會議。」這種答非所問的話，要比你直接說：「不行」好得多。對方會從你的話語中感受到，他的請託得不到你的幫助，只好採取別的辦法。

4 引用名言來拒絕。

寫文章時我們經常引用名言，其實拒絕時，也可以用一些名言。這種辦法的好處很明顯，既增加了說話的權威性與可信度，又省去了許多解釋和說明，還富有感染力。有一個例子可以說明：

東漢光武帝劉秀的姐姐湖陽公主死了丈夫，她看中了朝中品貌兼優的宋弘。有一次，劉秀召來宋弘，以言相探：「人地位高了，就改換自己結交的朋友；人富貴了，就改換自己的妻子。這是人之常情嗎？」宋弘知道皇帝的意思，但他非常為難：應允，對不起妻子；含糊其辭，會招來麻煩；直言拒絕，則有冒犯之嫌。於是他委婉的表達了拒絕的意思：「我聽說有句古語，患難之交不可忘，糟糠之妻不下堂。」

5 使用商量的語氣。

在拒絕的時候，你想讓自己的話聽起來委婉，可以採用商量的語氣。比如，有人邀請你參加聚會，而你有事纏身無法接受邀請，則可以這樣說：「太對不起了，我今天的確太忙了，下個星期天行嗎？」這句話要比直接拒絕別人好得多。

2 讓對方有面子的拒絕話語

別人要求你幫忙時，如果不能施以援手，就要盡量給人心理上的安慰和放鬆。

想化解拒絕的尷尬，最好的方式莫過於使用輕鬆的幽默，特別是輕鬆的自嘲式幽默。這種幽默方式，能讓對方清楚的感受你的拒絕，而且又不會顯得太激烈。對方聽後可能會哈哈大笑，在這樣一種歡樂的氣氛中，尷尬早就不知去向。

美國前總統林肯（Abraham Lincoln）口才很好，在拒絕別人時，也能收放自如的使用幽默。有一次，有位女士闖進白宮，理直氣壯的要求林肯給她兒子一個上校的職位，因為她的祖父、父親、哥哥都曾投身軍隊，為國效力。

林肯耐心的聽女士講完這一切，對她說：「夫人，你們一家三代為國服務，對國家的貢獻已經夠多了，我深表敬意。現在你能不能給別人一個報效國家的機會？」

如此拒絕，對方聽了，何來尷尬呢？緊張的氣氛，被一句幽默的話化解了。幽默讓人感到快樂，而快樂的氣氛是超強的潤滑劑。在談笑之間對別人說「不」，不僅氣氛輕鬆，還能順利達到拒絕的目的。

幽默拒絕法——用比喻

為了避免他人對拒絕反感，你不妨將幽默表現出來，化解尷尬、消除隔閡。當然，幽默不能隨便用，一定要掌握基本要點，否則，不但無法消除尷尬，還有可能製造尷尬。

首先，我們要知道採用幽默拒絕的目的是什麼，不僅僅是想要拒絕，還想營造活躍的氣氛，讓人放鬆。要達到這樣的效果，就一定要有一顆活潑、快樂且自由的心。**壓抑的心說出來的笑話是充滿苦味的**。特別是在拒絕的過程中，如果你的心壓抑著，是難以幽默的。所以你的心應該活躍起來，這樣你說出來的話語才能感染人。

當你覺得氣氛壓抑和緊張時，可以透過輕鬆詼諧的話語講述一個精彩的故事。如果你想要拒絕對方，也可以在這詼諧中加入反問，這樣做既避免了對方的難堪，又轉移了對方被拒絕的不快。

比如在談判過程中說：「如果貴公司堅持這個進貨價，那你們能為我們準備過冬的衣服和食物嗎？總不忍心讓我員工餓著肚子為你們幹活吧！」這種話語雖然很簡單，但它很動人。根據對方的要求或條件推出一些荒謬的、不現實的結論來，自然進入否定模式，這樣能有效化解尷尬、緩和氣氛。

在生活中我們拒絕他人，同樣需要這樣的輕鬆。特別是**別人要求你幫忙時，如果不能施以援手，就要盡量給人心理上的安慰和放鬆**。如果你的幽默不合理，很可能讓人覺得不舒服。相反的，如果你的言辭幽默，讓人輕鬆自在，能夠快活一笑，即便拒絕，也不會出現尷尬。

其次，我們可以學習一些修辭手段，以提升自己的語言表達能力，特別要注意學習使用幽默的比喻。合理有趣的比喻能夠吸引人，也能讓人更加容易理解你所表達的意思。擅長使用比喻的人不僅是寫文章的高手，也是說話高手。

有人想讓莊子去做官，莊子不想去，但他沒有直接表示拒絕，而是打了一個比方：「你看到宗廟裡被當作供品的牛馬了嗎？牠們尚未被宰殺時，披著華麗的布料，吃著最好的飼料，的確風光，但一到了宗廟，被宰殺作為犧牲品，再想自由自在的生活，可能嗎？」

莊子沒有正面回答，卻用了一個很貼切的比喻表明自己的態度，這就是拒絕的智慧。再者，學會偷換概念，適當的製造冷幽默。冷幽默很流行，充滿力量，就像是語言中的軟刀子，扎人不疼但效果好。

美國前總統威爾遜（Thomas Woodrow Wilson）也會冷幽默。在擔任新澤西州州長時，有一次，他接到一個電話，通知他本州的一位議員——他的朋友去世了。威爾遜深為震撼，立即取消了自己當天的一切活動。幾分鐘後，他接到了新澤西州一位政客的電話：「州長，我希望接替那位議員的位置。」威爾遜說道：「好吧，如果殯儀館同意，我本人完全贊同。」那人聽後笑了起來，被拒絕的尷尬一掃而空。

最後，幽默拒絕一定要有一顆寬容的心。無論你怎樣做、做什麼，總是不能少了寬容的態度。唯有保持寬容，你才能鎮定自如的應對，不會亂了方寸而胡言亂語。拒絕更需要寬容，因為我們不知道自己的拒絕會不會讓對方暴跳如雷，如果拒絕惹怒了對方，我們要穩住自己，寬容以對。寬容的態度會讓被拒絕的人感受到你的友好，這樣才能化解拒絕帶來的尷尬。

運用幽默含蓄的方法拒絕別人，在一般情況下很有效，既能拒絕對方的無理請求，又不至於傷害對方的面子和自尊。

3 說不之後加上「不過……」，補償對方

如果不能滿足對方提出的要求，可以改為幫助對方做些力所能及的事情，作為補償。同樣能給人以安慰。

十九世紀英國首相迪斯雷利（Benjamin Disraeli）很有智慧。有名軍官，請求狄斯雷利提名他為男爵。迪斯雷利知道此人才能超群，也很想跟他搞好關係，但他不符合封爵條件，迪斯雷利無法答應他的要求。於是，迪斯雷利把軍官單獨請到辦公室裡，對他說：「親愛的朋友，很抱歉我不能提名你為男爵，但我可以給你一件更好的東西。」

軍官疑惑的看著狄斯雷利。這時迪斯雷利放低聲音說：「我會告訴所有人，我曾多次請你接受男爵的封號，但都被你拒絕了。」

這個消息一傳出，眾人都稱讚那名軍官謙虛無私、淡泊名利，對他的禮遇和尊敬遠超過任何一位男爵。軍官由衷感激迪斯雷利，後來他成了迪斯雷利最忠實的夥伴和軍事後盾。

拒絕是沒有問題的，我們要考慮的是拒絕之後的事情，特別是如何安慰對方。因為在拒絕面前，每個人都會覺得空落落的，很不開心。如何填補這種失落的空白，是我們需要考慮的事情。

在人的心理機制當中，心理補償效應的影響十分明顯。出於心理補償的考慮，人們常會有自我吹噓的行為。比如人們在面試或專案談判時，為了減少自身的焦慮，往往會誇大自己的能力和身分，甚至把事情全部包攬過來。這種自我吹噓其實也是為了彌補落差，在心理上達到理想自我的境界，也是出於顯示自我、獲得別人關注的目的。

換句話說，**人們為了增強自信或減少自身的焦慮**，會經常性的說一些大話。也就是**借說大話來增強自信，減少恐懼與焦慮**，這是常見的行為。了解這一點，就可以試著透過彌補對方的心理空白，來化解拒絕後的尷尬。

心理補償效應是一種潛意識行為

儘管心理補償效應被認為能夠有效調節心理，但它並沒有真正為人們所掌握。心理補償效應其實是一種潛意識行為，沒有多少人會意識到它的存在。一旦遭遇拒絕或失敗，這種效應的影響就會清楚的表現出來。

有的人面試失敗後會說：「那家公司看起來就不怎麼樣，即使錄用我，我也不會去！」有的人未通過精英選拔則稱：「那裡培訓出來的人將來要承擔很重的責任，工作壓力又大，沒什麼意思。」有的人向心儀的人表白，被拒絕後，卻說：「別看她長得漂亮，其實冷冰冰的，不是個溫柔的人。」有些人沒能被大企業相中而只能進入一家小企業工作，他們就說：「在這裡工作，自己很被看重，比在大企業裡有更多的機會。」諸如此類，其實都是心理補償效應在作祟。

與其讓對方因心理補償需求而對我們心生怨恨，我們不如在拒絕之後，主動去補償對方，化解雙方之間的尷尬。如果不能滿足對方提出的要求，可以改為幫助對方做**力所能及**的事情，以作補償。本來拒絕是挺尷尬的，但你要是這樣做了，對方心理得到補償，原本的不滿也會得到緩解。哪怕你不能幫對方做某些事情，也可以給人以安慰。

比如，你可以提供某些建議。對於急於找到解決方案的人來說，他們往往只看到其中一條道路。假如對方走的是「向我們求助」這條路，而我們又覺得這條路實在是行不通，那麼不妨向對方提供另一條可行的道路。

例如：「對於剛才你說的這件事，我恐怕無能為力。不過我有另外一個建議，你不妨試試看……」如果對方能夠接受我們提出的建議，那麼自然是皆大歡喜；如果對方不肯接受，我們無法幫忙也在情理之中，這樣拒絕起來就有理有據、順理成章了。

有補償的拒絕，這樣才能表現出你的誠心和誠意，避免讓人心裡留下疙瘩。因為你的拒絕可能會給請求者造成一些麻煩，影響他的計畫的實施，甚至使他的計畫暫停，所以應該努力為他提供一些其他的辦法，這樣能夠有效減輕對方的挫折感和對你的怨恨心理。如「要是明天的話，我大概可以去一趟」，或「我可能沒辦法幫你，不過你可以去財務部，或許他們有辦法」之類的話，向對方表達你願意幫他的誠意，緩解尷尬的局面，從而贏得對方的好感。

4 先說原則再說不

也許有人會為你的無原則起鬨叫好，但沒有人會為你的無原則而付出代價。

有些人無法拒絕，是因為自己的原則性不夠，如果一個人沒有原則，總想迎合他人，那他就不得不勉強自己去做不喜歡的事情。所以要提高自己的拒絕力，就不能沒有原則。

一九八六年，哈佛大學舉行建校三百五十周年慶典，學校打算邀請雷根（Ronald Wilson Reagan）總統來演講。雷根總統聽說此事非常高興，但他提了一個要求——希望哈佛大學能夠授予他榮譽博士學位。這個要求讓校長很頭疼，便將此事提交哈佛大學董事會進行討論。

很快董事會做出了決定，他們給雷根總統回了一封信，信中寫道：「尊敬的總統先生，很抱歉，我們不能答應您的要求。我校的學術稱號只能授予那些在學術上獲得非凡成就的人。個人的身分和地位既不是障礙，也不是臺階，作為哈佛大學董事會的成員，我們有維護本校學術聲譽尊嚴的權利。」

雷根看到這封信後感到很失望，也沒有面子去參加校慶了。這本來是一件很尷尬的事情，卻被傳為佳話，讓哈佛大學的名聲更響。因為在人們看來，哈佛大學有原則，不因對方的身分而放棄自我的尊嚴，義正嚴詞的拒絕了總統的要求。

立校如此，做人也該如此。堅持自己的原則，不僅可以幫助我們保持自我的獨立性，還能讓拒絕力大大提高。如果自己的做法是對的，就算別人指責、議論，甚至壓迫我們，也不應改變。

有原則，首先就是不能做牆頭草。沒有原則的人就好像隨風倒的牆頭草，總是順從、屈服於他人的意志，而放棄自己的行事原則。有的人會以變通為藉口，來改變自己的行事原則，去迎合他人的要求，實際上他只是內心怯懦、不敢拒絕罷了，找藉口是為了掩飾自己不能堅持原則的窘態，消除內心的尷尬和不安。

成大事者懂變通，變是為了不變

其實每個人內心都有自己的原則，差別在於，有的人會極力堅持自己的主張，而有的人則會隨時根據他人的需求去改變。當然，這兩種類別的人，在生活中並非涇渭分明。真正有所成就的人，既善於變通做事，不拘泥於事理，又能堅持自己的原則，不會輕易改變自己的決定。

對他們而言，**變是為了不變。各種變化都是為了實現不變的目標。而要保證目標不會變化，最重要的就是堅持自己的主張和原則**。否則，很容易走向失敗。

因為放棄自己的主張，就無法掌控自己的行動，進而失去最終的目標，在這樣身不由己的情況下，毫無把握，怎能獲得成功呢？

有一段時間，校園青春小說特別火紅，有一個作家為了迎合市場潮流，準備寫一部青春小說。然而創作開始不久，作家風聞市場風向有了變化，商戰小說開始流行了起來，於是他連忙改變寫作方向，開始寫商戰小說。沒想到他寫了一段時間，消息又來了：商戰小說太氾濫了，人們已經產生審美疲勞，市場開始萎縮，人們都去看言情小說了，言情小說的銷路特別好！不必說了，趕緊寫言情小說吧。作家再次轉向，可是還沒等他落筆開始寫，編輯又打電話來了：「老師，您能寫科幻小說嗎？科幻小說好賣啊！」

這故事是不是很熟悉？在我們的工作中，有時就會遭遇這樣的事情。反思一下，工作的時候，自己有沒有無原則的行動？是不是在隨著主管的思想轉動？主管說改就改，沒有自己的主張和堅持？如果有這樣的情況，那就要有警覺了。

如果你不能堅持自己的原則和主張，始終不懂拒絕，那麼你的工作和生活將失去秩序，變成一團糟。你會在別人的指指點點下陷入沒有價值的苦勞中，而功勞也會在無原則的改變中失去！如此一來，你如何證明和實現自己的價值？

記住，**也許有人會為你的無原則起鬨叫好，但沒有人會為你的無原則付出代價**。從你屈從於他人，丟棄自己原則的那一刻開始，你的拒絕力就慢慢的喪失了。一個人沒有原則的支持，又怎麼可能有堅實的拒絕力呢？

所以堅持原則，如果對方強壓，你完全可以說出你的主張和理由，理直氣壯的告訴他說：「不行！」

第六章

明明是拒絕，
卻能使人很溫暖

遭到拒絕終究是一件讓人失望的事，所以對方心中很可能產生不滿甚至怨恨的情緒。如果拒絕者的態度和表達方式能夠讓人感覺溫暖一些，那麼被拒絕者的心情將會好很多。

1 替你的「不要」編個對方「需要」的理由

在被拒絕之後，人們都希望得到合理的解釋。你可以不找理由，但不代表對方不需要你的理由。

人一旦有了勇氣，要拒絕他人其實很容易，這個時候拒絕已經不是問題，問題在於如何更好的拒絕——努力讓對方認同和接受你的拒絕。

你不缺乏拒絕的勇氣，但不懂得拒絕的方法，結果「不」字一出口，對方不能認同，以為你不願意幫忙是因為你不夠義氣、沒有人情味，如此一來，形象就會受損。為什麼會出現這種情況？主要是因為欠缺理由。

在很多時候，我們習慣只用一個「不」字，就想讓對方「打道回府」，甚至認為這樣拒絕會更加直接有效，事實也是如此。但是這樣做很可能會讓人感到很難受，甚至會就此對你心生猜疑和埋怨。

為此，我們就要學會在拒絕後加上合情合理的解釋，透過說明拒絕的原因和不得已的苦衷，使對方明白我們的拒絕並非隨意而為，絕對沒有不尊重對方的意思，這樣做能夠讓人感受到我們拒絕時的慎重態度。

愛，沒有理由，不愛時記得給理由

有個女孩要和男友分手，她想來想去，覺得還是快刀斬亂麻比較好，於是她去找男友，直截了當的告訴對方：「我們分手吧！」男友很吃驚的問：「為什麼？」女孩說：「沒有為什麼！我就是要分手！」

對於這個回答，男孩很不能理解，怎麼可能沒有原因？男孩心裡非常痛苦、難受，但是無論如何詢問，女孩就是不願意解釋，結果男孩一直瞎猜：「我是不是哪裡做得不好，讓她討厭了？還是她喜歡上了其他人？又或者有其他自己不知道的原因？」男孩的腦袋裡冒出了各式各樣的想法，但他始終不能確定是什麼原因，這讓他的心長久處於不安狀態。

就因為這樣，原本很灑脫的男孩，慢慢變得特別執著，他一次又一次去找女孩，一遍又一遍的問她：「為什麼？到底是為什麼？」對於男孩的行為，女孩心裡感到從未有過的厭煩。他竟然變得如此纏人，這是女孩始料未及的事情。她不知道自己的做法有問題，反而覺得男孩的性格有問題。於是她的脾氣也上來了：就是不解釋，看你能把我怎樣。

於是男孩的負面情緒不斷升級，由不甘到不安，再到怨氣叢生，感性的衝動、偏執完全戰勝理性，使他走向歧途，變得十分極端。兩人爆發了前所未有的爭鬥，之後，男孩向他愛的人舉起了一把刀⋯⋯。

感情的事我們每個人都會有這樣的體會：由於過於感性，有時會變得偏執起來，變得愛耍小性子，不願意解釋自己這樣做是為什麼。在愛的時候，我們希望對方的愛沒有理由；而不愛了，我們則很需要一個理由、一個解釋。就欠一個小小的解釋，最終釀成一個大悲劇，實在很不應該。

不要找理由，不代表對方不需要理由

其實不只感情上的拒絕需要理由，其他拒絕也同樣如此，因為被拒的心需要理由來填補。

某主管對部屬說：「不要找理由，就問你一句，能不能做？」部屬答：「不能！」主管怒道：「為什麼？」部屬疑惑：「您不是說不要找理由嗎？」主管道：「不找理由，不代表沒有理由！」

這說明，**在被拒絕之後，人們都希望得到合理的解釋**。**你可以不找理由，但不代表對方不需要你的理由**。解釋非常必要，特別是在你的拒絕會讓他人沮喪的情況下，一個充分、合理的理由能夠讓痛苦的人心裡得到某種補償。所以千萬不要忘記為你的拒絕找一個充分的理由，找一個合理的解釋。

有的人拒絕別人時，從沒想過解釋什麼，而是認為，既然已經拒絕了，講再多的理由都是沒有用的。有這種看法的人非常多，特別是在工作中，有些主管總是對部屬說不要找理由，但如果沒有理由，他們又會特別生氣。

在拒絕時，不找理由的認知是錯誤的。無論你是怎樣拒絕的，解釋都是必要的，**一個充分的理由，能夠使你的拒絕更容易為人所接受**。拒絕的解釋不但十分必要，而且理由必須充分、合適。有個小故事很有意思，正好可以拿來說明一下充分、合適的理由之重要性。

有一隻狐狸某天想出門遊玩，牠向鄰居黃鼬發出了邀請：「你看今天天氣不錯，我們出去走走吧？」黃鼬說：「大熱天的，這麼熱，有什麼好玩的？再說我也不想和你走得太近，你難道不知道自己有狐臭嗎？」狐狸大怒：「不去拉倒，我身上臭，難道你就很香了嗎？你這個臭屁王！」

黃鼬拒絕狐狸的邀請，理由是很充分，可惜太不合適，結果惹狐狸不高興。

所以，拒絕的理由很重要，而一個充分的好理由更重要，千萬不要忘記為你的拒絕找一個合理的解釋。對方的腦袋有一個空白，等著你去填補，因此，你要認真對待，千萬不要偷懶，不要不屑一顧，將這個空白留給對方自己去填補，那樣的話就會產生誤會和猜疑。而一旦對方因為你的無理由拒絕而產生疑慮，他對你的好感和信任，也就會在誤會和猜疑中消磨殆盡。

記住，在遭遇拒絕時，每個人都會瞎猜：我是不是哪裡做得不好？如果不是，那就是對方瞧不起我。而且，被拒絕之後心情不好，想法就很容易往壞的方向發展，胡思亂想，猜疑和誤會便隨之而產生。

起初怪自己做得不好，接著就是怪別人太傲慢、沒人情味，總之就是心裡有怨氣，沒有紓解。這個時候，你要幫助他疏導心裡的怨氣。如果你能夠做出解釋，你所說的理由就會在對方的頭腦裡建構起固定的印象，雖然他不一定會相信，但他一定會感到一絲安慰，至少他的怨氣會少很多。

2 五個擋箭牌，你用過哪一個？

工作忙碌、時間不允許、身體狀況欠佳……都是很好的擋箭牌。擋箭牌很重要，不妨事先準備一些，需要時便可隨時拿出來。

每個人都希望找到兩全其美的拒絕辦法，既能有效拒絕對方的請託和要求，又能不傷害對方的面子和自尊，維護彼此之間的友誼。要達到這樣的效果，你就要為自己的拒絕找到合適的「擋箭牌」。

在拒絕別人的請託時，顯而易見的客觀條件，比如工作忙碌、時間不允許、身體狀況欠佳等，是可以明確告知對方的。例如：「我必須把明天的演講報告趕出來，實在沒時間幫你。」「我現在正趕著去外地出差，幫不上你的忙。」這樣的拒絕理由既誠懇又真實，足以讓對方放棄對你的期望。

但如果是一些主觀因素，說出來不僅讓對方難以接受，還會破壞雙方的交情，甚至引發對方的怨恨和不滿，最終導致人際關係破裂，使雙方陷入尷尬的境地。

五個表面正當的擋箭牌

擋箭牌很重要，應該予以重視，切不可任性行事，如果把某些令人尷尬、羞憤的實話說出來，拒絕就會演變成鬧劇，那很容易傷害他人的尊嚴。所以一定要為自己的拒絕找個合適的「擋箭牌」。如果你的頭腦不夠靈活，那就不妨事先準備一些「擋箭牌」，等到需要時，便可隨時拿出！在生活中有些常見的擋箭牌，看似簡單，效果卻不錯，可以參考。

1 用「制度」做藉口。

一位普通職員工作兩年後，覺得自己的薪資應該要調漲了，便找經理商量：「經理，我想我的薪資應該要調漲了……」「你的薪資的確應該漲了，」經理微笑著點頭，然後用手指了指辦公桌上的一張卡片，不慌不忙的說：「但是根據公司的職位薪資制度，你的薪資已經是你這一階級中最高的了。」職員洩氣了：「唉，我忘記我的職位級別了！」

一個簡單的理由就使這位員工放棄了加薪的請求。他心裡或許在想：拿多少薪資是由公司的制度規定的，我怎麼可能推翻公司的制度？

2 用「別人」當藉口。

尹先生在一家電器商場上班。有一天，他的一位朋友來買筆記型電腦，看遍了商場裡陳列的樣品，也沒找到令自己滿意的。最後，他要求尹先生帶他到倉庫裡去看看。尹先生不好直接拒絕朋友，只好微笑著說：「前幾天商場經理才剛強調過，任何非商場工作人員都不能進入倉庫。」儘管尹先生的回答讓朋友心中有些不悅，但這種用「別人」當藉口的拒絕，總比直接說「不行」要好得多。

類似的拒絕言語，如「我做不了這個主」、「這件事不是我負責的，我沒有許可權」、「我主管希望親自過目」、「不好意思，我權限不夠」等，都是用「別人」做藉口的理由。

以自己無權做主來拒絕，表示的是一種無奈，而對於我們能夠做主的事情，則要換一種思維來拒絕，這需要我們強調自己的原則：「我要為自己的選擇負責，所以我有權拒絕這個要求，請你尊重我的選擇。」

3 用急事做理由。

每個人都有自己的私人事情和分內的事情要做。當別人向你請求幫忙的時候，你可以把自己的事亮出來，告訴對方你也有緊急的事情要處理，很遺憾不能幫他的忙。同時，還可以這樣說：「這次實在是不好意思。下次你有需要幫忙的時候，提前和我打一聲招呼，我一定盡力幫忙。」如此真實而坦誠的拒絕，不但可以讓自己成功的脫身，而且不會傷害到雙方的友誼。

4 開會是個好理由。

對於這個理由，女性朋友應該會覺得很耳熟，因為她們經常會聽到這話從自己的伴侶口中說出來。開會確實是很好的拒絕理由，但是這個理由不能常用，用多了，會消磨彼此之間的感情。

5 以身體不適為理由。

作家劉紹棠先生晚年身體不好，但是拜訪他的人很多。為了謝絕各種打擾，他就在自家的門上貼了一張字條，上面寫：「老弱病殘，四類皆全；醫囑靜養，金玉良言。上午時間，不可侵犯；下午會客，四時過半。人命關天，焉敢違犯；請君諒解，大家方便。」落款是劉紹棠。

來拜訪先生的人，見到這張紙條，都很體諒先生，如果不是極為重要的事，便不敢來打擾先生的靜養。

身體不適，也許是最好的拒絕理由，當然也是被人用得最多的理由。有道是「身體是本錢，健康是財富」，身體不好，這是無可奈何的事情，沒人能夠勉強你去拚命。你為自己拚命，那是合情合理的，但若對方勉強你為他的事情去拚命，則未免過分了一些。但凡有惻隱之心的人，都不會不顧及他人的身體健康而強求他人做事。而又有誰會去做那殘忍的、沒有惻隱之心的人呢？

不過，這個理由雖然好，但如果用得太多，效果會逐步下降。你經常以身體不適為理由，就意味著你的身體不好，沒有哪個公司的老闆會喜歡病快快的員工。如果你對老闆常說這個理由，他覺得煩了，也許會考慮換一個健康一點的員工。所以這個理由雖然很好，讓人認同，但是它的缺陷也十分明顯，使用時要慎重一些。

3 你也可以訴苦——和他比一比誰苦

適當的表現自己的脆弱，會讓你的拒絕更真切。

有時你會發現，生活中有很多請託者，常會採取訴苦這個方法來博取同情，讓我們無法拒絕。其實這個方法也可以反過來用，當對方向你訴苦，博取同情，並向你提出請求的時候，你也可以訴苦——和他比一比誰更苦！

你知道業務員最怕聽到客戶說什麼嗎？最怕聽到兩個字——沒錢！即便是再好的產品、再符合客戶的需求，但只要一說「沒錢」，就足以讓業務員打退堂鼓。同樣，一個求人者最怕聽到所求之人說：「我更苦！」所以，當你找不到更好的理由來拒絕別人的不合理要求時，不妨耐心的向對方講講你的難處和苦衷。

要拒絕時，有什麼難處、苦處，都說出來，千萬不要客氣。只要說出你的難處，不必要求對方體諒你，對方已經到了嘴邊的請求，也不得不嚥回去。訴苦會讓人同情，無論聽者做何反應，恐怕請求的話都難以說出口。

允許自己脆弱

一些人自恃過高，不願訴苦，結果成為他人依賴的對象。這當然很好，可以證明一個人的價值，但是也容易成為請託者們的頭等求助對象，從此陷入各種麻煩中。總是表現自己的強大，有時會不利於你的拒絕。記住，我們不是超人，有艱辛和難處，**適當的表現自己的脆弱，會讓你的拒絕更真切**。

琳達的一位同事離職了，本來需要三個人完成的工作就落到了她和另一個同事身上。那個同事的小孩年紀還小，琳達不得不多承擔一些工作。為了按時完成任務，她經常加班。後來她實在扛不住了，就找老闆傾訴自己的壓力，要求加派人手。

老闆聽了很驚訝的說：「我一直以為你們人手夠了，妳怎麼不早說？」一個星期之後，新人到位，琳達終於不需要加班了。

琳達的事情並非個例。大量事實證明，積極、有目的性的訴苦是非常有效的溝通方式，尤其是在拒絕的過程中，往往能夠發揮特別的作用。由此看來，訴苦其實是一種能力、一種特別的方法。在訴苦的時候，要做到不誇張、不矯揉造作，透過真實具體的傾訴，來達到讓人動情的目的。

直截了當的說「不」過於生硬，很容易使對方尷尬、難堪、沒面子，這樣會影響雙方的友誼。換成訴苦的方式，透過表現自己的柔軟來拒絕，可以有效消除負面影響。如果你能夠運用訴苦的方式來拒絕對方，對方不但不會覺得沒面子，反而容易理解你，甚至會有同病相憐的感受。

訴苦得「先說好再說不」，否則成了抱怨

需要注意的是，訴苦一定要有耐心。如果沒有耐心，懷著強烈的抵觸情緒，就很容易煩躁的拒絕他人，這樣的話，即便你的理由是真實可信的，也

會讓人覺得很不舒服。

老張是一家公司的中階主管，最近公司要他負責一項職責以外的工作，弄得他頭昏腦脹。由於老張是第一次接觸這樣的工作，所以他不明白的地方有很多，這樣一來，就導致了工作進度十分緩慢。偏偏在這個時候，高層主管又委派他去外地參加一個業務研討會。

老張心裡本來已經夠煩躁了，這下更激發了他的反抗情緒，於是他不自覺的用比較激動的口吻拒絕說：「不行、不行，您找別人吧！這麼多處理不完的事情，已經讓我焦頭爛額的，現在根本就沒時間參加什麼研討會！」

聽到部屬這樣跟自己說話，主管的心情很不好，怒道：「好吧，那以後就不麻煩你了！」

老張被諸多雜亂的事情影響了情緒，失去了對自己情緒的控制，結果在不經意間傷害了別人。這提醒著我們，一定要隨時保持耐心。

當別人向我們求助或要求我們去做某件事時，即使我們真的無能為力，也要控制自己的情緒，然後委婉的拒絕對方：「真對不起，我真的很想幫你，可是我的確無能為力……我自己正處於水深火熱之中，無法顧及其他。」這樣一番話，合情合理，可謂恰到好處。

當然，無論我們怎樣為訴苦辯解，都無法改變它的負面影響，所以在訴苦時一定要明確自己的目的。訴苦也好、抱怨也罷，都不是目的，只是手段和技巧。記住，我們**訴苦的目的是拒絕**，**切不可為了訴苦而訴苦**。

訴苦並不表示你就是一個弱者，從上述的說明可知，它實際上是一種很好的拒絕方式、一種很好的自我保護的方法、一種很好的心靈溝通的技巧。同時，它也是一種很好的心理調節辦法，能夠有效的幫助你釋放內心的壓力。

4 「我是為你好」，這句最夠力

因為愛你，為你好，所以要拒絕。從對方的利益出發，才會更具說服力，讓他感覺到你是真心實意的為他著想，而不是故意推諉。

有個四歲大的小丫頭，小小年紀，卻十分聰明，已經會為自己的懶惰找理由。某天早晨，小丫頭醒得比較晚，醒來之後，她不想起床，也拒絕洗臉。

媽媽試圖說服她：「妳洗完臉，媽媽和妳一起看《喜羊羊與灰太狼》，好不好？」小丫頭搖搖頭，看著媽媽一本正經的答道：「我不看電視，太傷眼睛了。媽媽，妳也不要看，我是為妳好。」這個小丫頭是不是很有趣？她竟然會說這樣的話，搞得媽媽啞口無言、愣在那裡，弄不清楚：這到底是誰為誰好？

到底是誰為誰好呢？沒有答案。事實上，這也不是我們所關注的，我們感興趣的是小丫頭拒絕媽媽的那個有趣的理由：「我是為妳好。」這話是不是很耳熟？在我們的記憶裡，都少不了這句「我是為你好」，真是太熟悉不過了！

回憶一下，小時候每當父母或其他長輩要求我們接受教導時，便會這樣語重心長的說。在我們做錯了某事，受到責罰之後，他們也不忘用這樣一句話來消除我們心中的怨念。

現在的我們自然明白父母教育子女的苦心，不過在那個時候，我們可沒那麼聰明，許多道理都不懂，所以心裡常會覺得納悶：「打我罵我，是為我好；不顧我的感受，也是為我好。那到底怎樣才是不為我好？」

那時候我們心裡雖有疑惑，不能理解，但我們還是會強迫自己去理解：「既然是為我好，我怎麼能任性的拒絕對方？這樣豈不是不知好歹？」因為我們都不想做「不知好歹」的人，於是在一次又一次的教育中，我們接受了「我是為你好」這個理由。

每個人的頭腦中，都有這樣的烙印：對於為我好的人，一定要認真對待，誠懇的接受他的要求，而不能任性拒絕。同時，我們也逐漸學會了使用這個理由，以便更好的讓他人接受我們的要求。

以愛之名行事

要讓人接受要求時，「我是為你好」已經成為人們常用的理由。然而許多人不知道的是，其實這個理由也可以用於拒絕。開頭故事裡的小丫頭的示範就很有啟發意義，值得我們借鑑。事實告訴我們，接受和拒絕實際上是不可分割的。當你拒絕某件事時，實際上是接受了另一件事情，反之亦然。

拒絕他人的同時，你應該幫助對方去發現，其實他可以接受另一種更好的建議——一定要讓他接受你的解釋，告訴他，你真的是為他好。

「我是為你好」的威力為什麼如此強大？主要原因在於這一理由的立足點是「愛」。換句話說，我是為你好，本質上就是以愛之名行事。「愛」，豈非這個世界上最好的理由？**因為愛你，為你好，所以要拒絕**。

我們知道，拒絕會給人帶來打擊，一個人被拒絕時，輕者會焦慮煩躁，嚴重的會悲憤絕望，會覺得世界上誰都跟他過不去。所以在拒絕不合理要求時，我們可以以愛為名，這十分重要。

對方請你照顧小孩，你想拒絕，便可以這樣說：「我很想幫你這個忙，不過我有事情，確實沒有時間。雖然我不能幫你，但還是想給你個建議，你還是盡量自己照顧小孩比較好，一方面比較放心，另一方面我覺得父母和子女多相處，有利於感情的交流。」

從對方的利益出發，才會更具說服力，讓他感覺到你是在真心實意的為他著想，而不是故意推諉。如果你的說法合情合理，打動了對方，對方不但不會記恨你，還會從內心深處感謝你。

5 拒絕的理由必有破綻，你順勢以退為進

世上沒有完美的理由，只有善於運用理由的人。賣個破綻，以退為進，可以讓你的拒絕理由變得更加充分，還可以化解尷尬。

當我們為拒絕找理由時，應該清楚的知道：世上沒有完美的理由，任何解釋都是有破綻的。所以不要去追求完美的理由。只要這個理由合適，並具有真實性，就可以拿來使用，即便存在破綻，也可以彌補。過分執著於完美的理由，勢必會削弱拒絕的效果。你會因為沒有好理由而變得猶豫不決，不敢說「不」。

我們必須承認這樣的事實：任何理由都能被反駁，特別是一些臨時想到的理由，對方可能只要說一句話，轉眼之間，你的理由就形同虛設，變得

毫無作用。比如，有的人習慣用：「我現在沒有空。」這樣的理由拒絕推銷員，這理由聽起來很不錯，但是推銷員只要說：「那您什麼時候有空？週末有空嗎？我們可以詳談。」又或者說：「沒關係，我等您好了。」

又比如，有人會說：「沒錢。」這似乎也是很好的理由，可是老練的推銷員會半開玩笑的說：「沒關係，錢以後再付好了。」一句話就將你的理由化解了，然後將你逼入死角。

為什麼會如此？因為你並沒有深入思考過這些理由，一旦被人反駁，就很容易啞口無言，無法繼續說下去。

先退再進，完善理由

這個世界上沒有完美的理由，所有的理由都會有破綻，都會被反駁。重要的不是理由、不是破綻，也不是反駁，而是你靈活的頭腦。如果你能夠隨機應變，那麼即便找了一個很爛的理由，有著各式各樣的破綻，同樣可以讓人信服。

這就像下圍棋一樣。有的人說最好的圍棋是沒有破綻的，可是事實上這種所謂的沒有破綻的圍棋從來就沒有出現過，所有的棋局都會有破綻，所有的棋手也都會有破綻。所以，找理由的時候，別太糾結了，適當的賣個破綻吧。賣個破綻，其實就是示弱的戰術。拒絕的理由也可以賣個破綻，讓對方抓住機會反駁，然後你再補充說明。

比如前面「沒有空」的理由被人反駁之後，你可以告訴對方：「你也別等了，你這樣乾等我，會讓我感到愧疚和為難，我不喜歡這種感覺。你要是有這方面的資料，可以發一份到我的電子信箱裡，我有時間就會看，如果有需要，我會找你的。你現在不需要跟我講那麼多，這會浪費你我的時間，因為我是一個成年人，懂得判斷和選擇，我想我自己可以決定是否需要你們的產品。現在，希望你不要打擾我。」

而「沒錢」的理由被反駁之後，你可以告訴對方：「那豈不是寅吃卯糧？我不習慣這樣的生活方式，這會讓我感到不安。」

賣個破綻，以退為進，可以讓你的拒絕理由變得更加充分，還可以化解尷尬。

有一位顧客到某商店退一件高級襯衫，她聲稱這件衣服沒有穿過，主要是她丈夫不喜歡。但是營業員發現這件襯衫有汙痕，便說：「按照我們公司的規定，衣服已經穿過了，是不能退換的。」顧客一聽，不肯承認，大聲嚷嚷：「哪裡穿過啊？我根本就沒有穿過這件衣服。」

營業員沒有和對方爭辯，而是選擇了退一步的方式：「您可能是沒有動過，或許您不在家時，您家裡哪個人動過它？您看這汙跡，這說明有人穿過這件衣服。我也經常遇到這樣的事，買回家好好的衣服，第二天就被我丈夫弄髒了。」

營業員這樣一說，既表達了拒絕退換襯衫的意思，又給顧客留了一個臺階。

那個顧客聽了營業員這番話，說：「難道真的是他弄髒的？我回去問問他。」說著，顧客拿起衣服，走了。

所有的拒絕理由的運用，都不能生搬硬套，唯有靈活運用，才會收到良好的效果。**沒有完美的理由，只有善於運用理由的人。**

不要因為追求完美的理由，反而忽略了找理由的本意，記住，你找理由是為了拒絕他人。我們可以盡量找一個好理由，但不能太強求，太執著了就不好了。如果為了尋找完美的理由而陷入糾結之中，顯然是有問題的。

| 第七章 |

不等你開口，對方主動放棄

對某些人來說，直接開口拒絕別人是一件非常難的事情。既然如此，不妨採取一些方法，讓對方主動放棄請託，以此避免雙方陷入尷尬。

1 沉默

如果你覺得有求於你的人是個辯論高手，或者自己不夠狠心，很可能被對方的凌厲攻勢駁倒，那麼最好的應對方法就是沉默。

有位學者從事教育評論工作，所以經常參加一些家長會之類的活動。在這些活動中，大家會請他做演講。但在演講過後，他常常會感到很尷尬：「每當這個時候，我都會習慣性的說：『大家有什麼問題？可以提出來』。但是結果讓我感到很難受，因為最常見的狀況就是冷場。基本上很少有人提問，全場鴉雀無聲，都盯著臺上的我。這讓站在臺上的我，頓時有種不知如何自處的感覺。」

學者遭遇了很多類似的「冷場」情況，經過觀察之後，學者發現一個事實：聽眾的沉默，讓演講者不知所措，這種現象非常普遍。學者感到有些奇怪，因為在剛剛開始講話的時候，演講的人開玩笑，大家就會笑，甚至有很多人都會熱心做筆記，這說明大家都在認真聽他的演講。然而到了演講結束之後，居然連一個提問的人也沒有，難道沒有問題？這怎麼可能呢？

這種尷尬的沉默現象，經常讓學者黯然神傷，也許是因為他太過敏感、太在意自己表現得好與壞了。大家聽了自己的講座，竟然沒有問題，這似乎說明自己的演講沒有引發聽眾的思考，同時也說明聽眾對演講沒有興趣。他覺得自己實際上就是被人忽視了。

很多演講的人都會有類似的經驗，就算是在以活躍的學生或企業人士為對象的演講會上，也有同樣的情況。

在此，我們不討論造成這種現象的原因，只討論沉默給人的感受。就像那名遭遇「冷遇」（按：冷淡的待遇）的學者，沉默讓他感受到自己被忽視、被拒絕。對此，我們能夠想像，被沉默對待時的感受絕對不會美妙。但是如果我們明白沉默對於拒絕的意義，也許心情頓時會好很多，特別是對正不知道如何拒絕的人來說，會發現沉默的拒絕效用，具有非比尋常的意義。事實上，沉默也許是有效的拒絕方式之一。

不知道怎麼說，那就不要說

生活中很多人不知如何表達拒絕，心裡不斷的練習拒絕的言辭，可是一面對對方又下不了決心，總是會覺得尷尬和慚愧，因此話到嘴邊就是說不出來。這個時候，你可以乾脆不說，以沉默來應答。學會沉默，能夠幫助你拒絕很多事情。**當我們遇到一些不願被牽扯進去的麻煩時，利用沉默來表達拒絕，會更加自然。**

比如，有人送請帖來，請你去參加一個聚會。如果你不想去，可以不給予對方任何回覆，這樣，一般人都會明白你的意思。這種沉默的方法既能達到拒絕對方的目的，又能避免直接拒絕帶來的尷尬。

當然，並不是所有的事情都可以沉默以對，沉默拒絕的方法也有一個適用性的問題，這種方法更加適合運用於那種特別容易陷入爭論的事情上。

我們知道，「不」是一個令人失望和沮喪的字眼，因為對被拒絕的人來說，這個字意味著完成某件事情的希望又少了幾分。如果對方極度渴望實現自己的目標，那麼他必定會想盡辦法來說服你不要拒絕。

就算你明確告訴他拒絕的理由，並且給他指明其他出路，他依然會不依不饒、糾纏不休，這樣一來，你們之間勢必會展開一場激烈的爭論。即使透過爭論，最終得到的共識依然是拒絕，但你已經在這件事情上浪費了大量的時間和精力。而且，如果你稍微心軟一點，面對對方咄咄逼人的攻勢，很有可能會掉入不得不接受的陷阱！

比如，當一個銀行業務員向你推銷信用卡時，你拒絕對方說：「對不起，我已經辦了好幾張信用卡了，所以不需要。」

那麼，對方很可能抓住你回答中的弱點進行反擊：「是嗎？那您每天帶著好幾張信用卡出門，一定覺得很不方便吧！」

「還好吧！」你的回答通常會是這樣的，而這就進一步給了對方可乘之機：「只要您辦理我們銀行新推出的信用卡，就可以一張卡走遍天下，您在全球八百多個城市，都可以隨時享受我們優質的服務。因為這個月是推廣月，所以現在辦有禮品贈送，並且可以享受免年費的優惠……」。

怎麼辦？原本是想拒絕對方，卻因為表達不到位而使對方有機可乘了。甚至，自己拒絕的理由反而成了對方進一步推銷產品的理由。無論結局如何，被對方打擾已經是無法避免的事實了。

因此，如果你覺得有求於你的人是個辯論高手，或者自己不夠狠心，很可能被對方的凌厲攻勢駁倒，那麼最好的應對方法就是沉默。因為**沒有了回應，再伶牙俐齒的人也無法抓住語言中的弱點來順勢進攻**。

在日常生活中，當我們遇到類似的情況時，即便對方舌燦蓮花，把產品吹得天花亂墜，只要我們保持沉默、不予理會，不用幾分鐘，對方就會自知沒趣，摸摸鼻子走掉！

因為他們得不到預期的回應，氣勢和信心就會隨之減弱，直至最後澈底放棄。在溝通中，你的沉默和無言將不斷的消磨對方的熱情，讓他失去繼續說下去的信心。

當我們想要表達自己的拒絕而又不知道如何做時，不妨用沉默來代替語言，這樣往往能收到「無聲勝有聲」的效果。但是，沉默並不是萬靈丹，當別人對我們提出某些不合理的要求時，如果我們還沉默以對，就會助長對方的氣勢。

比如，有人侵犯我們的正當權益，我們當然不能沉默以對，因為沉默在這時候屬於一種無效拒絕，正確的做法應該是強烈的表達不滿，並且採取自我保護的手段，進行堅決的抵抗。

2 轉移話題，甚至他還沒說出要求

截話拒絕，一定要趕在對方還沒有說出，或者還沒有完整說出時，即做出搶答。以免於因說破造成尷尬局面和其他不良後果。

小陳因工作的關係對小愛產生了愛慕之情，而小愛也發現了某些苗頭。有天小陳想對小愛告白，於是鼓足勇氣對她說：「我想問妳，妳是不是喜歡……」小愛立即就把話截斷：「你幫我借的那本公共關係學的書，我很喜歡啊，我看了兩遍，很不錯。」

小陳以為她沒有理解自己的意思，又說：「嗯，妳看不出來我喜歡……」沒想到她又打斷道：「我知道你也喜歡公共關係學，以後我們一起交換學習心得吧？」小陳說：「嗯，好。妳有沒有……」她再次打斷對方的話，搶答道：「有哇！互相切磋，向你學習，我早就有這個想法了。」

此時，小陳總算明白過來，小愛只把他當普通朋友，於是只好放下心思，和她聊起公共關係學。小陳心裡有些惋惜，同時也有點兒慶幸：好在沒有將心意挑明，否則兩個人難免會覺得尷尬。

姑娘三次截話，可見其伶俐聰明，這樣表達拒絕的效果，顯然要比等話講出來後再拒絕要好很多。運用截話的技巧說「不」，最值得稱道的地方，就是不用將事情挑明，可以在避免尷尬的同時，讓人聽懂我們的拒絕意思，從而自動放棄。當然，截話拒絕，要求才思敏捷，表達技巧嫻熟。

時機是重點

要注意的是，截話拒絕，一定要趕在對方還沒有說出，或者還沒有完整說出時，即做出搶答。為什麼不等對方說清楚就要搶先回答？主要有兩個方面的原因：

第一，避免對方說出祕密的事情。如果你等對方把話全說出來後再拒絕，可能就晚了。因為對方可能會說一些祕密的事情，如果你聽完了對方的話，就不可避免了解了祕密，這樣一來，你就不得不參與進去。如果聽了對方的祕密，你又不參與，以後事情出了變故，對方就可能懷疑是你洩露了祕密。

第二，避免聽完話後行事被動。當對方把事情都說清楚之後，你再想拒絕，就可能會覺得很被動。特別是對方講一個悲慘的故事，可能就會讓你深陷於對方描述的情境中，再也不好意思拒絕對方的請求了。

基於這兩種原因，快速截斷對方的話，進行搶答，對於拒絕而言，具有十分重要的意義。因此，考慮到對方要問什麼，在他的問話未說完時，就迅速截話，轉變話題，一是可以轉移其他聽眾的注意力，二是可以使問者領悟，免於因說破造成尷尬局面和其他不良後果。

截住對方的話，讓他的請求出不了口，這樣可以很好的避免尷尬的狀況。採取這種策略，對方不會覺得你不禮貌，因為他內心所思考的問題已經不是你是否禮貌，而是你的態度。從你的行動中，他可以比較明確的了解到你不願接受的態度。聰明的人看到你這樣做，會很快明白過來。對於那些不能馬上明白的，你無法挑明，就可以繼續不停的打斷他的講話。這樣三、五次下來，他自然就會會過意來。

不經意的轉移話題

截斷他人說話時，一定要講究時機和技巧，恰當而巧妙的把自己的話插入「正題」中去，不僅不會令說話者陷入難堪的境地，還能引導和激發對方的談話興致，從而有助於交談和諧、融洽的進行。

第一，截斷對方的話之前要摸準對方的心理，對方剛開口說話，你就要知道他要說什麼，所謂「未聞全言而盡知其意」，這要求當然很高。如果你無法做到這一點，就不要胡亂截話。

第二，要能截得自然而恰當，比如從「喜歡人」變成「喜歡書」，能瞞過在場的其他人。

第三，截話往往需要幾個回合才奏效，因為搶一、兩次，對方還不能領悟答話者的真意，或者略微知道而不甘心，繼續發問，這時就需要連續多次，才能不露破綻，達到目的。雖然這種方法難度大，技巧性強，但運用得當，效果奇佳。

截斷他人的話，除了注意上述方法外，還要注意以下幾點原則：

第一，要學會順題立意。你應該將自己的目的設定為表明自己的觀點，而不僅僅是拒絕。如果根本沒聽明白對方說的話而隨意搶話、亂評論、亂下結論，就是不尊重對方的表現。所以在截斷他人的話時，應盡可能順著對方所說的話題展開談話，如果需要轉換話題，應先對對方的觀點予以肯定和贊同，再用「不過」、「但是」等轉折詞過渡，這樣才能有效避免對方的誤解和反感。

第二，要注意措辭。措辭是否恰當得體往往會直接影響說話的效果。措辭得體，不但對方容易接受，而且有利於談話繼續下去；措辭不當，則很容易引起對方的反感，不利於交談的順利進行。因此，最好選擇中性感情色彩的措辭，既不要對對方的言論發表任何評判，也不要對對方的情感做任何是與非的表達。

第三，要做到真誠和善。人與人交談，貴在真誠和善，截話也是如此。千萬不要表現得自以為是、心高氣傲和嘩眾取寵，以免讓人極度反感。

3 拖延。但小心傷感情

拖延戰術的一大特點，在於能夠盡可能的消磨掉對方的耐性和意志，從而避開請求。但使用時一定要有分寸，且不能頻繁使用。

眾所周知，拖延是一種惡習，會令人厭惡。生活中有許多人都深受拖延之害，相當困擾。在我們看來，拖延是一種壞習慣。但如果將拖延用於拒絕，會有意想不到的效果。特別是某些事不適合立即決斷時，直接拒絕對方既會導致尷尬，又容易傷了感情，這時怎麼辦呢？就用拖延的方法。

比如，競價的事情，如果你太快做出決斷，價錢不會太高；如果你當場拒絕對方的競價，則可能會讓對方立刻就走出競價談判席。既然如此，你就不妨多閒扯，把競價的時間不斷的延長，這邊不緊不慢的談著，那邊等著更高的價位出現。

拖延戰術對於不敢拒絕的人來說，簡直是福音。選用拖延戰術，好處也很明顯：你用不著下決定，用不著點頭或者搖頭，而只是讓求人者遲一些時候再來。

例如，你可以說：「我現在工作繁忙，你能不能兩個星期以後再來找我？」他可能會把「兩個星期以後再來找你」這件事加進自己的備忘錄裡，但也有可能早把你忘了。有的時候如果你連著拖延兩次，那個人就會放棄。當然，老是拖延一件事也不好，這會**讓別人覺得你的人品有問題**。一般在兩次拖延之後，當別人第三次來求你的時候，你就應該給出一個較為明確的答覆。

人的耐心沒有我們想像中那麼好，所以如果你想拒絕他人，採用拖延戰術效果往往很顯著。這一戰術的一大特點，在於能夠盡可能的消磨掉對方的耐性和意志，從而避開請求。

拖延的行動很容易讓人感受到「不願」的意味。當對方提出要求時，你遲遲沒有答應，只是一再表示「要再研究、研究」或「考慮、考慮」，那麼對方就能了解你是不太願意的，不需要你明確的說「不」，對方就會感覺到你的拒絕之意。

如果你知道對方的求助很急，必須立即處理，而你又想拒絕他，這時候你就可以採取刻意拖延法。比如：「這件事沒有問題，不過這兩天我要去外地出差，等回來後再幫你處理，可以嗎？」既然事情無法立即由你來完成，對方又比較著急，所以他只得另謀他途。但如果是已經答應了別人的事，運用這種方法則是不對的。

拖延是為了等待時機說「不」

事實上，生活中有很多事情都不適合太快的決定，三思而行是慎重的表現，也是你拒絕他人最好的藉口。你可以回答對方：「我需要考慮」，或者「我要看一下自己的安排」。當然，這樣的話通常不能拖太久。一般採取這種策略，前提是你有打算與之進行討價還價，將談話進行下去。如果你並沒有這樣的想法，完全可以即刻拒絕。

透過這樣拖一下，我們可以贏得思考的時間。但是我們必須記住，在我們贏得了片刻時間的同時，對方也有了思考和緩衝的餘地。所以，如果你沒有打算商量下去，最好的辦法就是直接找理由拒絕，如果實在找不到合適的理由，可以用這樣的話來拖延一下，先撤出來思考一下。

當然，並不是什麼事都可以拖，有的事情不能拖，特別是應拒絕的時機已經出現時，絕不能再拖，應該果斷而迅速的說：「不」。另外，針對不斷糾纏你的人，也不宜拖延，以免對方沒完沒了的打擾你，干擾你的情緒，影響你的心理健康。

有的人找理由拒絕，可能會找一些有漏洞的理由，與其如此，還不如迅速做出決斷，爽快的拒絕。比如，朋友求你幫他做一件事，而你不想答應他，如果你推說：「今天沒有時間。」那麼對方很可能會說：「沒關係，你明天再幫我做好了，這件事就拜託你了。」

又如，朋友想轉讓給你一件衣服，而你不想接受，如果你推說：「我的錢不夠。」那麼對方很可能會說：「你先拿著吧，錢以後再說。」

再如，別人邀請你跳舞，而你不願意跟對方跳，如果你推說：「我跳不好。」那麼對方可能會說：「沒關係，我帶著你跳。」這樣一來，你就很難再拒絕對方了。

以上的例子說明兩個問題：

第一，有些事情不適合拖延，假如想要拒絕，便應該當機立斷。

第二，拒絕的理由一定要合適而充分。

上述這些都是一些經不起推敲的理由，一經對方反駁，你所建立的拒絕防線就會像馬奇諾防線（按：法軍於一戰至二戰期間，在德法邊境所建的一條防禦線，目的是防止德軍入侵。結果德軍出乎法國意料的，並沒有從德法邊境發動攻勢，而是越過比利時，選擇從較難走的阿登山地進入法國。由於法國重兵集結馬奇諾防線，其他地區防務則相對空虛，德軍輕易的於六週內占領法國）一樣，成為空話和笑話。

因此，面對有些情況，不如直截了當的用比較單純的理由拒絕對方：「你託辦的這件事我辦不了，請原諒。」「這件衣服的款式和顏色我不太喜歉，很抱歉。」「我已經約好舞伴了，不能跟你跳，對不起。」這樣說雖然顯得生硬一些，但拒絕的理由明確、無可辯駁，可以避免對方的繼續糾纏。

在現實生活中，很多人礙於情面，不願意直接說「不」，而是隨便找一些理由來搪塞對方，以求得一時的解脫。這種方法其實並不好，因為對方往往可以找其他理由繼續跟你糾纏下去，直至你答應為止。

記住，使用拖延戰術來拒絕他人的時候，一定要有分寸，特別要注意的是，這種辦法不能太過頻繁使用，常用可能會讓人覺得你這個人做事拖拖拉拉。

4 設計防線，請託者開不了口

先把不能幫忙的事說出來，於是求人者自然不好再說什麼。

小梁是一個特別熱心的年輕人，別人有什麼事情的時候，總會請他來幫忙，而他總是能夠把事情辦得妥妥貼貼。因此，進入職場之後，小梁很受同事們的歡迎。

但是隨著大家對小梁的認同，他樂於助人的形象深入人心，以至於找他幫忙的人也越來越多。這讓他有點忙不過來。有些人甚至把找小梁幫忙，當成了一種習慣。比如，老周常常請小梁幫忙整理文件，李姐則不時請他幫忙檢修電腦……。

一開始對於這些請託，小梁總是來者不拒，無論是誰，只要請他幫忙，他便會立刻施以援手。但是隨著時間的推移，他慢慢發現，自己需要幫助別人做的事情，遠遠多於自己分內的事情。而且，最糟糕的事情是，小梁花了大量的時間在幫助他人上，導致他的分內工作總是會出現一些問題，為此每到月底他都會被上司責罵。

小梁很清楚如果再這樣下去，自己肯定會被老闆掃地出門的。於是小梁暗自下決心，要把主要精力放在自己的工作上。然而事情並沒有想像中那麼容易，因為大家都已經習慣得到他的幫助，所以請託總是源源不斷，他根本無法專心工作。怎麼辦？

對這些請託直接表示拒絕，這樣雖然有效，但他的工作思路仍舊會被打斷，而且更糟糕的是，可能會惹人不高興，導致同事關係緊張。小梁想了想，便決定先下手為強，**把請託的門先堵住再說**。

在一般情況下，老周的文件都是在下午三點後整理，於是小梁把約見客戶的時間定在兩點半。這樣一來，老周只能自己動手把報告資料輸入電腦。

至於李姐維修電腦的事情，拒絕起來就比較輕鬆了，他可以直接說：「等我忙完這點兒事情，就過去幫你弄好。」結果往往是小梁把自己的事情忙完再過去時，李姐已經因為等不及，而另外找別人將電腦的問題處理好了……經過這種調整，小梁規避了很大一部分請託，把麻煩擋在了門外，終於得到了清靜。

在中醫中，有一條特別著名的理論，即所謂「治未病」，就是在還沒有病之時，做好預防工作，爭取不生病，而不是總想著生病之後再去治療。這種預防性的醫療思想，影響了中國養生學。不僅如此，這種思想還讓我們學會了未雨綢繆的做事情。在拒絕的過程中，也要具備這樣的思想，努力先將麻煩擋在門外。小梁拒絕請託的例子，就是這一思想的實踐，值得我們效仿學習。

防患於未然，勝過亡羊補牢

如果問「防患於未然」和「亡羊補牢」哪一個更好一些？答案是不言而喻的，當然是前者。亡羊補牢，雖然能夠最大限度的幫助我們挽回損失，但畢竟是在問題發生之後的補救措施，終究不可避免會受損失，給自己帶來麻煩。相較之下，防患於未然則要好很多。依靠某種預警機制，把問題發生的機率控制在最小的範圍內，產生的損失自然比較少，甚至可以避免受到損失。

如果把問題出現之後的拒絕比作亡羊補牢，那麼先知先覺，提前避免問題的出現，就是防患於未然。這種預防性的拒絕技巧，不僅能夠幫助我們化解麻煩，更為重要的作用在於，它能夠幫助我們減少正常生活和工作中的各種莫名的干擾。

比如，你正在專心工作時，如果突然受到打擾——朋友的電話、主管的臨時任務、同事的請託等，因而不得不中斷工作，轉而去處理這些突發事件，待處理完這些瑣碎的事情之後，要想再回到剛才高效率的工作狀態中，就很困難了。而這些突發的打擾，會導致我們的生活和工作品質下降。

對於這些瑣碎的事情，如果我們一件件的去拒絕，無疑是亡羊補牢。因為事情畢竟已經發生了：電話響了，我們不得不接；主管的臨時任務、同事的請託，即使我們找到理由去回絕，工作的思路和靈感也已經被打斷了。你要重新進入良好的狀態，調整自己的情緒，就需要花費更多的時間。

最糟糕的事情在於，突發的干擾頻繁出現，你還不太好拒絕。因為你不斷的表示拒絕，就可能會讓周圍的人感覺你缺乏進取心和團隊精神。所以在拒絕時，盡量不要做亡羊補牢的事情，而應防患於未然，設法在請託還沒有發生的情況下，先將之擋在門外，避免那些突如其來的干擾打亂自己正常有序的工作狀態。

小梁的做法就很有效果，打擾自己的因素一下子少了許多。他的工作變得有條理了，工作效率和工作品質都得到了提升。更重要的是，他的空閒時間也變多了，他仍然會幫助同事做一些事情，不過，這與之前那種忙碌的狀態相比，好很多了。

拒絕的表達不一定要用嘴巴說，如果我們能夠像小梁那樣，為自己設立一套防禦機制，把無力完成的請託擋在門外，那麼拒絕的目的同樣可以達到，而且效果會更好。比如，有朋友上門找你，你知道對方最近想要借錢搞投資，在對方還沒開口之時，你就說：「看你好像有事，你我兄弟多年，有什麼事情儘管說，我一定全力相助，除了借錢之外。」這樣一開始就用話堵住對方借錢的想法，對方多半不會再說借錢的事情。

先把不能幫忙的事說出來，於是求人者自然不好再說什麼。這種方法對於那些躲無可躲的人來說，尤其適用。

比如接到一個經常找你幫忙的朋友的電話，如果他一開口便問你：「最近忙不忙？」如果此時回答「不忙」或「還好」，那麼他的下一句話自然就會轉到正題上來。於是這個時候你可以回答：「忙啊！最近忙得連休息的時間都沒有了，每天加班到凌晨，快累垮了。」你這樣一說，他就會知道你是幫不上忙了，請託的話自然就不會說出口了。

5 製造有壓迫感的環境

選擇熟悉的場景，能增強我們的氣勢，以便更好的表達拒絕。

有個商人曾因為資金周轉困難而造訪一個銀行家，希望獲得貸款，最終卻遭到了拒絕。

對於商人來說，這次會面一開始就不是很順利。他先被帶到了會客室，而銀行家遲遲都沒有露面，這讓他有些焦慮。過了好一會兒，銀行家才出現。剛進門的銀行家說：「呀，讓你久等了。」雖然招呼似乎很客氣，但他發現銀行家的臉上並沒有愉快的笑容。然後，銀行家就在一張比較高的沙發上坐下來，接著按下背後檯燈的開關。

這時商人發現，原本感覺開闊的會客室，似乎因為光線明暗的變化，變得狹小而壓抑了。整個房間都不是很亮，商人由於是面對檯燈的光，覺得燈光很刺眼。他不知道這是不是對方早已經設計好的，反正覺得很難開口。他看不清對面銀行家的表情，感覺自己就像一個被審問的犯人一樣。

在這樣的情況下，儘管他準備了很多說服對方的資料，但在說話的時候，總覺得自己有點畏縮，始終放不開，這讓他說起話來似乎缺乏某種力度和激情。銀行家沒有說太多的話，語氣很平和，但在這種環境中的商人始終有一種缺乏底氣的感覺。

結果銀行家拒絕了商人的借款。但商人突然發現，對方的拒絕竟然讓自己有種如釋重負的感覺。他一度懷疑自己的心理是不是有毛病。

為什麼會這樣？其實道理很簡單，奧妙就在於環境所營造的壓抑氛圍，讓商人處於一種弱勢的地位，這深深的影響了商人的表現和他的心理。比如，銀行家背後的檯燈，對商人造成了嚴重的干擾。而對於銀行家來說，背後的光讓他顯得更加高大和有氣勢。

在會面開始之前，銀行家拖延出場，讓商人心生不安，接著會面開始，讓商人坐在較矮的位置，同時自己坐得更高一些。最關鍵的是那盞檯燈。偪促的光照使得原本寬敞的空間變得逼側壓抑。而且，商人的眼睛被光照著，這更加重了他的不安。從視覺的心理來說，人對光源的不調和較難接受，故明暗度的突然變化，會引起為了適應這種變化的順應現象。在順應沒有完成之前，心理上的動搖是不可避免的。

營造主場優勢

基於這樣的認識，我們在拒絕時，也可以採用這種環境營造的技巧，達到「不戰而屈人之兵」的目的。如果是白天，沒有開燈的必要，你可以**背窗而坐**，這有同樣的效果，而且這樣在拒絕時效果可能會更好些。因為面向窗戶的人，視線朝向窗外，繁雜之物映入眼簾，會使他無法集中注意力。即便窗戶是毛玻璃，看不到凌亂的雜物，同樣會給人的心理造成影響。根據一些研究者分析，毛玻璃不清晰的亮度會讓人產生不安的心理。

除了背光而坐，增強自身優勢之外，還有一些其他的方法，也可以達到提高拒絕力的效果，比如利用主場優勢。我們都知道在運動場上，影響勝負的因素有很多，其中有個特別重要的因素很難避免，那就是主場優勢。世界盃比賽中，主辦國的球隊往往會獲得很大的優勢，平時實力一般的球隊，因為具有主場優勢，便可能升級為強隊。

因為主隊球員對主場十分熟悉，不會怯場。而在客場則會因為陌生感而變得拘束，這會使人的實力無法正常發揮。其實這種情況，同樣體現在交流和溝通上。

當我們到他人家裡時，很容易變得拘束起來。在不能不拒絕的時候，這種拘束的心理會讓我們失去優勢。基於此，我們要盡量選擇熟悉的場景，增強我們的氣勢，以便更好的表達拒絕。

當然，不限於自己的家裡，也可以選擇在自己熟悉的咖啡店或酒吧見面，因為你所熟悉的桌子、椅子、服務員，都是支持你的強力盟友。你這邊是盟友眾多，對方是孤軍奮戰，一旦讓對方有自陷孤立之感，我們就穩操勝券了。

如果這樣，對方還是要執拗的提出請求，那麼我們還可以設法請夥伴或店裡的人給予我們一些支援，讓他們來證明你的情況，比如說：「你問問他，他可以做證，我幹不了這種事！」隨時有「友軍」出來支援，也是「根據地」的有利之處。對方不知道「敵人」在何處，更會感覺不安。如何創造有利於自己的環境，是拒絕時必須考慮的問題。

有個編輯約稿，約稿對象是一名大學教授。編輯先打電話給教授，說明自己約見的目的，但是教授的口氣並不好。儘管如此，編輯依然很有信心能說服他。然而，當編輯到了教授家裡後，對方沒有在會客室見他。教授說：「對不起，會客室還沒有整理好……」然後將他引到了書房裡。

教授坐在桌子前，與編輯面對面。編輯開口說出想要拜託的事情，但他發現平時出口成章的自己此時竟氣勢不足，他感覺自己說得很不順暢。在交談的過程中，教授很隨意的點燃了他的菸，編輯始終忍受著難聞的菸味。最終編輯沒有達到目的，便打道回府了。

那名編輯很不幸，被無言的拒絕打退。他回想起這段經歷，就說：

「我的表現實在太差了，前所未有的差勁！倘若在一間會客室之類的半公共場所交流，我想我的表達會好一些。但那是一個私人的場所，在那裡，我總感覺十分拘束。」

書房是頗為隱私的場所，而窺視別人的隱私，則會讓人緊張不安。編輯踏進教授的書房，難免會坐立不安。這次的經歷讓編輯深受啟發，此後他也採用同樣的方法拒絕，效果非常好。當然，使用這個方法並非一定要在書房。只要把對方帶入自己熟悉的環境，就能在交談中占據優勢。

第八章

優雅的拒絕，拒絕的優雅

拒絕是一種勇氣、是一種膽量、是一種智慧。毫不誇張的說，拒絕是一門精妙的藝術，需要我們不斷學習，經過長久的修煉之後，才能達到靈活運用的程度。

1 先給對方肯定

拒絕的前提是尊重，但不能為了尊重而失去拒絕的能力。

對於任何一個人來說，尊嚴都是無比貴重的東西。無論在什麼時間、什麼情況下，對別人表示尊重都是一種應有的禮貌和美德。

當你對別人表現出尊重時，別人會對你回以應有的尊重；當你不把別人放在眼裡時，別人的眼睛裡也容不下你。所以說，拒絕別人時，要注意表達尊重，如果不注意，很可能會造成極壞的影響。

有個人很直率，不太懂得照顧別人的感受。有一次，一個朋友找他借錢，而他不想借。當朋友一開口，他就用開玩笑的口氣說：「向我借錢？我沒聽錯吧！誰不知道你是個『大款』（按：有錢人）。平常花錢如流水，買東西專買高檔的，隨便一件衣服就都要上千元，我們都是薪水階級。俗話說：『瘦死的駱駝比馬大』（按：比喻有錢人家縱使變窮了，還是比本來就窮的人家有錢。）。你就是從身上拔下一根毛，也比我的腰粗啊！」

朋友一聽他的話，臉頓時變得通紅，二話不說轉身就走了。從此以後，那個朋友與他見面連招呼都不打了。

如果有人請求你的幫助，即便對方陷入困境純屬咎由自取，你也不要說他的不是。你可以說自己無能為力，並拒絕他的請求，但不要指責他。請求幫助，承認自己是一個弱者，這已經是很傷自尊的事情了，如果你還進一步指責對方，則會讓對方的臉色更加難看。

俗話說得好：「人要臉，樹要皮。」對很多人來說，可以什麼都沒有就是不能沒有尊嚴。因此我們為人處世，要注意照顧別人的感受，對他人保持尊重的態度，特別是在拒絕的過程中，尤其不能忘記這一點。

有個老師教六年級，有一年學校要推薦學生考外語中學，但是每個班推薦的比例只有十分之一。聽說這個事情後，就有家長打電話給老師，說晚上要到老師家裡去。

老師無奈的拒絕道：「我明白您的意思，但這不是您到我家來一趟就能解決的問題。如果這樣可以的話，我情願去你們家裡一趟。」這話把家長逗笑了，便不再強求了。

遇到種種請託的事情，有些時候如果你直接表示拒絕，可能會讓人覺得你自詡清高、不近人情。此時，若能在拒絕中表現出尊重對方的態度，則會好很多。事實上，拒絕的前提就應該是尊重。

在拒絕之前，我們可以先肯定對方的觀點，這是一種表達尊重的好辦法。有些老闆特別擅長這樣的拒絕，他們經常會說：「這個提議非常好，但目前我們還不宜採用。」「好主意，不過我們恐怕一時還不能實行。」**先肯定對方的建議和要求的可取之處，這可以避免傷害對方的感情，而用「目前」、「一時」等字眼，則表示未完全拒絕，也能讓人有所期待。**

有位攝影家很有名，某機構邀請她加入，她婉轉的說：「承蒙邀請，我感到非常榮幸。我對貴單位在攝影界的影響力十分欽敬，可是我目前實在太忙，無法分身，你的美意我只能心領了。」先抬高對方的地位，讓人感覺受用，接下來的拒絕也就不會讓人不舒服了。

拒絕也是一種尊重

拒絕的前提是尊重，但不能為了尊重而失去拒絕的能力。

小柳和小艾情同姐妹，交情很好，兩個人經常一起吃飯、逛街，幾乎做什麼事都在一起，同事們戲稱她們是「連體嬰」。工作三年，由於工作努力，小柳升任設計部主任。為了慶祝升職，小柳便請要好的朋友到家裡聚會。小艾是第一個被邀請的人。

對於小柳的升職，小艾十分高興，雖然自己沒能升職，有些遺憾，不過她很清楚小柳所付出的努力。無論從哪個方面來說，她都很佩服小柳。這次聚會，她理應欣然前往。但是很糟糕的是，週末小艾已經有了重要安排，她要去參加一個慈善舞會。為了能夠參加這次舞會，她花費了不少的精力。

小艾很想拒絕小柳的邀請，可是她突然想到，如果自己不去赴約，會不會讓小柳覺得自己對她的升職感到不滿？更何況，兩個人是那麼多年的好友，如果不去捧場，似乎太沒有人情味兒了。權衡再三，小艾只好放棄自己的安排，接受了邀請。

聚會那一天，除了小艾之外，大家都玩得很開心。因為小艾的腦子裡總是想著舞會的事，所以她一直是一副心不在焉的樣子，這讓小柳很介意。小柳不知道小艾心裡在想什麼，只是覺得她似乎很不情願參加聚會。小柳覺得小艾這個樣子，太不給面子了，這是對自己的不尊重。

聚會結束後，小柳就質問小艾：「妳對我的升職感到不滿嗎？整個晚上都沉著臉，這是做給誰看呢？」小艾本來心裡就不舒服，聽到小柳這樣說，心裡直冒火：自己放棄了重要安排來捧場，竟然被質疑，這太不公平了。於是兩個人就吵了起來。經此一事，兩人的友情宣告破裂。

小艾為了尊重朋友，改變自己的行程安排，接受了對方的邀約，結果事與願違，不僅沒讓對方感到高興，反而還破壞了友誼。這樣的事情真是令人遺憾，究其原因，就在於小艾處理的方法有問題。如果她能夠坦誠的將自己的安排說出來，表示自己不能參加聚會，事情就變得簡單多了。說白了，小艾的尊重不恰當，她知道接受邀請是一種尊重，卻不知道，有時候拒絕也是一種尊重。

所以在表達尊重時，要考慮清楚事情的後果，不要出於尊重對方的考慮，最後卻讓人覺得不尊重。**答應對方的要求並不一定能讓對方覺得受到了尊重，拒絕有時也能夠表達尊重**，這一切都要看你怎麼去做。如果你能夠坦誠以待，自然是尊重對方。相反的，如果你勉強自己，遮掩自己的想法，不把心裡話說出來，實際上就是持不信任的態度——沒有信任，何來尊重呢？

與其答應對方的要求，讓自己難受，最後遭人埋怨，還不如從一開始就把自己的難處坦誠的說出來，拒絕對方的要求，這樣對兩個人都好。記住，很多時候，拒絕同樣也表示尊重的態度。

2 如果他不懂你的模棱兩可……

拒絕別人時應該乾脆、明朗，切忌優柔寡斷。模棱兩可的態度，只會給雙方造成不必要的誤解和隔閡。

在拒絕別人時，有一點非常重要，即**拒絕時態度一定要堅決明確**。何謂堅決明確？就是明白的告訴對方，這件事自己辦不到或無能為力，請對方另謀他途或另請高明。這個原則很多人都明白，但真正能做到的人不多。

這是因為大家都覺得，被拒絕是一件令人十分難堪和傷感情的事，於是為了照顧被拒絕者的情緒，就傾向於選擇態度不明確、模棱兩可的回答來拒絕對方，希望對方能夠聽出自己的弦外之音，從而主動、自覺的放棄請託。

如果對方的心思稍多一些，或許能很快的理解，這模棱兩可的回答背後的潛臺詞，從而主動放棄。但也不排除這樣的情況：有些人明明知道模棱兩可的話背後是拒絕的意思，卻故作不知，依然糾纏。

此外，生活中不少的人心思簡單，聽不出話中有話。他向你提出請求時，抱著莫大的希望。面對不甚堅決的否定和不甚明朗的拒絕，他們往往不會輕易放棄希望，而會盡最大努力去爭取實現自己的目標。此時如果你的拒絕不夠明確，不把「不」字說出口，就很容易陷入糾纏。**沒有明確表態，通常會讓對方誤解，讓自己陷入被動的局面**。

小美因為家裡有急事必須請幾天假，剛好在這時候，有一位客戶打電話來，說要談簽約的事。這是一位大客戶，小美已經和他洽談了兩個多月了，此時正是關鍵時刻，自己卻無法分身。她想來想去，想到了自己最要好的同事小孟，於是開口請她幫忙去跟這位客戶簽約。

小孟的確很想幫她，可是最近母親生病住院了，自己一邊要忙工作，一邊要照顧生病的母親，實在是分不開身。所以小孟不得不拒絕請託，但是她又不想讓小美太失望，於是邊敷衍著「我盡量」，邊思考著該怎麼拒絕。小美是個急性子，她一聽到小孟說：「我盡量」便急忙留下客戶的電話和地址，趕回家去了。

小孟的「但是」已經掛在嘴邊，卻見小美急匆匆的走了，連說話的機會都沒留給自己，心中很不高興，於是抱著「反正我沒有答應」的心態，索性對此事不聞不問了。幾天後，小美從家裡趕回來上班，卻發現已錯失了那位大客戶，便找小孟抱怨：「既然妳不打算幫我，當初為何不直接拒絕我呢？」從此以後，兩個人之間產生了很深的隔閡。

很顯然，這件事如果追究起來，雙方都有責任。但是，小夢的責任更大。正是因為她的遲疑不決，讓小美覺得她已經答應了自己的請求。假如當初小孟聽到這個請求時，就直截了當的說明自己幫不上忙，那麼小美就可以找別人幫忙，或告訴客戶延遲一、兩天再簽約，結果可能就不會那麼糟了。

當我們面對別人的請託時，如果不能確定自己能把對方請託的事辦好，或根本就不想接受對方的請託，一定要避免使用下面這些模稜兩可的回答：「嗯，你說的事我會考慮的。」「這件事情比較難辦。」「我不確定這件事能不能辦成。」「我幫你問問看，如果不行我也沒有辦法。」「應該可以吧？我不確定。」「這件事等我回來再說，好嗎？」

很顯然，上述這些回答的拒絕意味並不明顯，不僅無法拒絕對方，反而會讓對方抱有希望。如果對方託你辦的事，你根本不想應承或無力辦好，那麼這樣的回覆就毫無意義，到最後你還是要硬著頭皮告訴對方事情無法辦成。這對對方而言將是一種更大的傷害，因為此時可能已經錯過了解決問題的最佳時機。

態度要堅決，方法要委婉

拒絕別人時應該乾脆、明朗，切忌優柔寡斷。當然，這並不是主張在任何情況下，對任何人都直截了當的說出「不」字。一般來說，對那些自尊心比較強、臉皮比較薄的人來說，只需要婉轉的說出拒絕的理由即可，最好不要直接說出拒絕性的話語。因為對方能夠從你的話語中察覺到你拒絕的意圖。這種拒而不言絕的拒絕方式，可以避免讓對方感到尷尬、沒面子、下不了臺，從而不會對雙方的人際關係造成負面影響。

比如，當朋友在你正打算出門時來拜訪，你不妨在表示歡迎的同時說一句：「你來得真巧，再晚一分鐘你就要撲空了！」這等於委婉的暗示對方，你馬上要出門辦事了。如果對方是個識趣的人，就會在簡短的說明來意後盡快告辭，或另外約拜訪時間。這自然比你發出明確的逐客令要好得多。需要注意的是，你的暗示必須含義明確、意思清楚，使對方一聽即懂、一點即透。

因此，當我們遇到自己不想應承或無力完成的請託時，一定要學會堅決明確的拒絕。當然，在措辭上可以婉轉一些，但原則是讓對方一下子就能明白我們說「不」的意圖。

比如：「非常抱歉，這件事我無能為力。」「很對不起，這件事我實在幫不上忙。」「我最近實在很忙，我也不想耽誤你，你最好找別人幫忙。」「或許你可以去找〇〇，我是肯定幫不了你的。」「我非常想幫你，但對這件事我實在是不在行。一旦做不好，既耽誤了事情，又浪費了你的時間。你不如找一個更穩妥的人幫你。」

總之，當我們不想答應或無力應承別人的請託時，就應該堅決明確的表明自己的拒絕態度，這會讓對方對我們刮目相看。因為與那種支支吾吾、遮遮掩掩、隱瞞自己真實感受的態度相比，明確的拒絕會節省許多時間和精力。同時，我們也會從這種乾脆俐落的回答中，找回我們久違的自信。而模棱兩可的態度，只會造成雙方之間的隔閡。

3 使出激將法的人，壓根兒沒在顧你的面子

當你打算拒絕別人時，就不能太要面子，否則很容易被人刺激到，中了激將法。

朱先生是個好面子的人，為此，他付出了不少代價。有一次，他和姪兒一起逛街，在一家品牌店閒逛。姪兒看到喜歡的東西，有意購買。但由於剛工作不久，身上沒什麼錢，自然不能買單。而朱先生不想做冤大頭，便拿著商品左看看、右看看，與售貨員絮絮叨叨說：「這東西太貴了！算便宜一點！」

售貨員心思都是細膩、圓滑，便說：「看您就是一位有錢、有地位的人，這點小錢您還在意？」這一句話噎得朱先生半天喘不過氣來。

為了表示自己確實是一個有錢、有地位的人，朱先生便把手緩緩的伸向了錢包。

又有一次，朱先生參加聚會。酒至半酣，他已經不勝酒力。這時，有朋友敬酒，朱先生推說不能喝了。朋友的臉色一正，說：「這點面子也不給嗎？」朱先生一看，不喝這杯酒，對方心裡少不得要留下疙瘩，這面子得給！

幾輪下來，朱先生就撐不住了。但他稍有推辭，又有朋友說他沒有酒品，這多麼沒面子呀！於是，他狠狠一咬牙拿起酒杯乾了，結果回到家，哇哇大吐，痛苦不堪。

還有一次，朋友有事相求，朱先生明知這事情自己無能為力，然而對方說：「我們是什麼交情？這點面子朱哥你得給我。」於是，朱先生再次為朋友兩肋插刀，四處奔走。

朱先生的故事，實際上是很多人都有的遭遇。說白了，這些事情都是愛面子惹來的。

面子，不是某個人特有的，而是每個人內心的自尊需求。要面子的心理，自古以來就存在。古語有云：「士可殺不可辱。」這實際上是一種面子需求的反映。

在古代戰爭中，將士被俘虜後遭到敵人的戲弄時最喜歡說這句話，意思是要麼就殺了我，要麼就不要侮辱我。如果你侮辱我，我活著沒面子，那麼還不如死去。對於將士來說，被俘虜已經是一件很丟臉的事情了，如果要繼續受侮辱，還不如死。

能放下面子，你會得到更多

面子雖然重要，但不能總想著，有時也要放下面子，說說「不」。太要面子，不懂拒絕，很可能就像朱先生那樣：為有面子而高興，同時也為丟面子而焦慮。面子情結太嚴重，不利於我們拒絕別人。

很多事情關乎面子，就會變得麻煩起來。拒絕就是這樣。對方提要求時，若關係到你的面子，往往很難拒絕。由於面子關乎個人形象和尊嚴，所以生活中好面子者大有人在。為維護自己的顏面而勉強答應他人的事情，隨處可見，一點兒也不稀奇。

根據有關社會調查發現，人們不能拒絕他人的請求、要求，起碼有一半以上是出於要面子。由於面子上過不去，便不得不上了「梁山」，答應他人的要求。

針對人們的面子情結，有人想到了激將法。

老梁接了一個大專案，想拉老同學老徐入夥，可是老徐拒絕說：「我看這活兒沒什麼前景吧，幹下去浪費時間。」老梁道：「老徐，你不是老說你是業務高手嗎？現在有這樣一個機會，正好可以展現一下你的實力。你怎麼就退縮了？你不會是怕了吧？以前你說自己有多厲害，牛皮吹得響亮，現在要真幹，反而就退縮了，真不是男人！」老徐一聽這話，怒了：「嘿！老梁，就衝著你這句話，我就讓你看看，什麼叫高手！」於是老徐接下了這個專案的業務拓展工作。

當你打算拒絕別人時，就不能太要面子，否則很容易被人刺激到。在汽車銷售市場，銷售人員見你猶豫不決，便會說：「你看看你身邊的人，誰沒有輛車。沒車多沒面子，以後和朋友出去，總是搭便車也不是辦法。」你想想也是，頭腦一熱，於是就買了。事實上有不少人本來沒有打算買東西，卻因為面子問題，衝動購買了。

要面子不是壞事，而是好事，這說明你的自尊心強，有自我意識，心理健康沒毛病，但太要面子就不對了，要面子要到不顧自己的身體健康，不顧實際情況，或者不明白事情的始末，那就很有問題了。有的人甚至就為面子活著，這就「走火入魔」了。

4 以分內事建立防線，不讓人浪費時間

在工作上，你需要完成的是分內的事情，而不是他人的事情，所以永遠都不要讓它被其他事情取代。

小麗性格溫柔，很討同事們的歡心。同事每次從她的位子經過時，都喜歡和她聊兩句，她也樂於回應對方。於是她的身邊總有人說笑。最初，和同事們聊天，也僅限於吃飯和上廁所的時間，或者是不經意的在走廊碰面之後打聲招呼。有時大家還會相約在下班之後一起去逛街。

後來，隨著彼此交往的深入，大家的聊天時間就變得很不固定。即使是在上班時間，大家一有閒暇也會討論下班之後去什麼地方逛街。有時候老闆會突然出現，小麗只得措手不及的裝作什麼事情都沒有發生。

然後就是在網路上，幾個關係較好的人常會熱絡的發訊息，每一天

都會有新鮮的話題。有時候，小麗明知道自己的工作很忙，但是好姐妹們總是硬把她扯進聊天話題之中。

每到月底總結的時候，小麗就會發現自己的工作沒有按要求達到任務量，即便達到任務量，品質也不敢保證。而且她發現，很多時候自己一旦陷進了聊天之中，就經常會出現不由自主的現象。一上午的時間往往很快就會過去，小麗一邊感嘆著又荒廢了一上午的時間，一邊繼續和好姐妹們說個不停。

其實，小麗明白自己的尷尬狀況。每當看到桌子上厚厚的辦公文件時，她就知道自己必須好好工作了。可是，即便她給那些好姐妹們一些很明顯的暗示，她們依舊會「毫不留情」的把自己拉入討論範圍之內。她又不好意思直接拒絕對方的「盛情」，因此只得一邊在心裡面盤算著繁重的工作該怎樣處理，一邊耐著性子和對方聊天。

就是這樣的無奈，讓小麗陷入無盡的煩惱中。

能夠和別人成為聊得來的好朋友，本來是一件好事。看得出來，小麗也非常在意與同事之間的情誼，然而她把同事情誼攪和進了工作中，失去了拒絕的能力，結果把自己的工作弄得一團糟。對於小麗而言，學著拒絕是脫離這一困境的唯一方法。

時間是你的，為什麼你准許別人浪費？

在工作當中，拒絕干擾非常重要。要把自己的主要精力放在工作上面，就一定要避免將時間花費在其他零碎的小事情上。和同事談天說地不是不可以，只是需要選擇對的時間和地點。如果錯把工作的時間濫用在一些無聊的瞎扯上，那麼你不但浪費了公司提供給你的薪水，更浪費了自己寶貴的時間。

想要拒絕他人占用你的工作時間其實很簡單，你只需要直接以工作為由拒絕對方。除此之外，不要盲目答應他人的要求，將別人的工作和責任壓在自己的身上。

人的時間和精力是有限的，如果我們將大量的精力花在別人的事情上，那麼就一定會耽誤自己的事情。所有的事情都有輕重緩急之分，把對你來說最重要的事情放在第一位，才能保證不會被其他的事情拖垮。

當同事向你提出與工作相衝突的要求時，你可以婉轉的說：「不好意思，你看我手頭上的工作還沒有處理完呢。如果你不著急的話，我下班之後再去幫你辦。你要是很著急的話，那麼能不能先請別人幫忙？我現在實在是無法脫身。」

只要能夠拒絕那些干擾工作的事情，便可以降低你的焦慮、釋放你的壓力，還能保證你有足夠的時間去做那些真正重要的事情。

當他人的事情會占用你的工作時間時，你可以直接表示拒絕。有的人覺得拒絕別人的求助很不好，會影響彼此之間的情誼，其實根本沒必要。用本職工作來拒絕，是非常正當的理由，別人也會理解，根本不必擔心會破壞情誼。

辦公室本來就是工作的地方，所以當你拿工作來當擋箭牌的時候，絕對有效。你只需要說：「很抱歉，我手頭上還有一件很要緊的事情在趕，現在不能幫你做這個。」一定要用堅定的語氣去面對對方，同時說出自己不能做的原因，這樣就表現出了自己的無奈和同情，還可以為自己增加不少的人情分數。

沒有特別好的理由時，你可以告訴對方，自己的行程安排很緊，然後轉移話題。大部分通情達理的人都會接受這個答案，如果有人繼續逼你，你完全可以重複那句：「我很抱歉，這不在我的工作計畫之中」。

你要了解自己的工作情況，必須對自己負責，管理自己的時間與工作。當你明確了自己所要擔負的責任，明確了同事間分工的不同後，你就會懂得，只有完成自己的工作，才是根本。別人胡亂占用你的工作時間，讓你陷入忙亂的局面之中，你不僅可以表示拒絕，甚至可以提出批評。

面對他人的要求時，先問問自己：「我想要做什麼？不想要做什麼？什麼對我才是最好的？」你必須考慮到，如果答應了對方的要求，是否會影響你的工作進度？是否會因為你在工作上的拖延而影響到其他人？你需要衡量幫助別人的利弊得失。

在工作上，不要為了無益的事情浪費你的時間和精力，更不要為此耽誤了自己的工作。

記住，時間是寶貴的，一天之中，工作的時間只有那幾個小時。所以，弄清楚什麼是你該做的事情，才是最重要的。**你需要完成的是分內的事情，而不是他人的事情，所以永遠都不要讓它被其他事情取代。**

5 沒有金剛鑽，別攬瓷器活兒

人最怕的就是信口開河，所以不要以為拒絕就是證明自己的無能，這其實是你有自知之明的表現。

俗話說：「沒有金剛鑽，別攬瓷器活。」**做事之前要弄清楚自己的實力，千萬不要高估自己的能力。量力而為，絕對是工作和生活中極重要的原則。**如果你對於自身的實力不夠清楚，過於高估自己，接受不可能完成的任務，那麼你便難免要陷入雜亂無章的生活中。

小林剛畢業，在一家網路公司上班。由於小林表現得很不錯，做事情很積極，主管特別欣賞他，有意培養他。小林也很想證明自己的實力。剛好公司接到一個專案，主管將其中一些重要的工作交給小林來做。

小林對主管拍胸脯道：「沒問題，這些工作包在我身上了。」

主管拍了拍他的肩膀，說：「小林，好樣的。我就知道，這樣的任務只有你敢接，別人都沒有這個膽量。好好幹，將來一定有大展宏圖的機會。」說完之後，主管微笑著、背著手離開了。

看著主管遠去的背影，小林臉上泛起苦澀的笑容。他覺得自己的狀態可以用一個詞來形容：騎虎難下。原來小林並沒有大家想像中那麼能幹，他一直都在勉強支撐著。

剛進公司時，小林覺得自己處處不如人，因此在上級分派任務時，他總是搶最複雜的事情來做。別人避之唯恐不及的任務，小林卻像是撿到了寶貝一樣。他一直這樣告訴自己：「要想大展拳腳，就必須做一些別人做不到的事情，只有不走尋常路，才有一展才能的機會。」

因為他接受的任務都比較難做，做起來很麻煩，所以他經常忙到很晚。雖然他的工作品質也不算好，但是大家都知道他接手的工作很難做，也就沒有責怪他，反而很欣賞他這種迎難而上的精神。從此之後，一旦有別人解決不了的問題，主管第一個想到的就是小林。可是誰又能想到他為了完成這些艱難的任務付出了多少代價？

就是憑著一股子衝勁，他每天獨自在辦公室裡面熬夜加班。然而結婚生子之後，小林漸漸感覺到體力不支。而且，自己還要留出足夠的時間陪老婆和小孩，又怎麼能夠把這些難以完成的任務當成家常便飯去處理？他對朋友說：「你看我似乎過得不錯，好像超人一樣，但你不知道我有多累。」

一個又一個艱難的任務落在了小林的身上，他硬著頭皮答應下來，之後再一臉無奈的熬夜加班去完成。為此，妻子多次和他大吵。可是小林總是無法拒絕艱難的任務。在他看來，如果自己不接手那些難以完成的任務，就說明自己再也沒有利用價值了。他常常對自己說：「男人，就應該對自己狠一點。」然而，這樣拚命的日子，他不知道自己還能堅持多長時間。

每個人的狀況和能力不同，所能承受的工作強度也不盡相同。當你接受任務的時候，一定要先弄清楚自己究竟能夠完成多大的工作量。不要盲目的接受隨時分派下來的任務，否則你只會在一陣手忙腳亂之後才發現，其實你把這份工作做得一團糟。

凡事要盡力而為，也要量力而行

面對超出個人能力範圍的要求、嚴重影響個人身心健康的要求，要學會拒絕。不要等到不好的事情發生了，再來後悔。與其等到事情釀成不良後果再來彌補，還不如從一開始就拒絕對方的要求，大膽承認自己的能力有限。

沒有誰是超人，誰都有完成不了的任務，相信任何人都會明白這一點。只是大家往往不知道拒絕，但那樣終有一天會崩潰，反而會喪失家人的支持和主管的信賴。

其實，無論是拒絕還是接受這些不可能完成的任務，大家的一致目標就是，順利解決這些難題。選擇接受，是因為我們知道在自己的能力範圍之內，可以很順利的完成這項任務；選擇拒絕，是因為我們知道自己完成不了，所以才會選擇急流勇退，從而讓更有能力的人接手任務。

不要以為拒絕就是證明自己的無能，這其實是你有自知之明的表現。人最怕的就是信口開河，不明白自身的實力，去做超出自己能力範圍的事情。雖然我們的潛力巨大，但是在一些具體工作當中，潛力並不是總能被激發。在大多數時候，你還是在依靠自身可見的實力做事。至於潛能爆發、超常發揮，並不是常態。你可以適當的給自己壓力，偶爾接受一些艱難的任務，來激發自己的潛能，但不宜讓自己長期處於過度的壓力當中，那樣會讓你身心狀態失衡。

所以，面對自己完成不了的事，首先要真誠的表明自己對這項工作的重視，告訴對方，自己並非拒絕工作。然後表明自己的遺憾，告訴對方自己的難處。要注意的是，不要說太多的推託話，免得對方覺得你在敷衍。另外也要注意，不要一味的拒絕。上級堅持認為這事非你不可時，若一味拒絕，會讓對方很不高興。對此，你可以答應，也可以向上級提其他工作的要求，以尋找工作的平衡，緩解自己的壓力。這樣的要求很合理，通常上級都會答應。

6 短期有利、長期有害的幫忙，必須拒絕

越是到了沒有理由拒絕的地步，你越要清醒的思考。「接受」或許能解燃眉之急，但之後你可能要面臨漫長的黑夜煎熬。

人生在世，難免遇到挫折和坎坷，在身陷窘境時，許多人會不自覺的放低姿態，低下頭，甚至有些人會覺得自己低人一等、想要鹹魚翻身，就只能被迫的、毫無主見的接受別人的建議，即便自己心裡不願接受它們。

在艱難的境遇中，人的精神往往萎靡、其信心容易受挫。為了擺脫困境，人們會抓住一切機會，嘗試所有可能。這種心態和行動，大多數人都能理解。但是，如果有人願意提供幫助，就不假思索的照單全收，而全然不顧自己在接受幫助之後，將要面臨什麼樣的處境，這種做法無異於飲鴆止渴，

在未來的某一天，你或許會為自己沒有拒絕而後悔不迭。

「人在屋簷下，不得不低頭」的道理誰都懂，但是低頭不意味著沒有拒絕的權利，更不意味著要低三下四的乞求。人一旦產生「想要抓住救命稻草」的心態，很可能就會陷入難以拒絕的境地之中。

對於一個有思想、有目標的人來說，不會拒絕是可悲的。而無論在任何情況下，都能高昂著頭，敢於拒絕對自己不利的建議的人，才是真正能夠有所成就的人。阿里巴巴集團創辦人馬雲、香港富商李嘉誠、華為總裁任正非等都是我們耳熟能詳的名字，他們的創業經歷很多人也有所耳聞。在他們走向成功的道路上，資金短缺的情況並不算少，但是，他們並沒有因為沒錢而放低姿態，沒有因為需要資金便飢不擇食的接受別人的投資。

對於每一個創業者及尋求更大發展的企業家來說，選擇風險投資和投資人的時候都要慎之又慎。畢竟，一招下錯，滿盤皆輸。一旦選擇了一些唯利是圖的投機者，就會給公司的發展埋下不小的隱患。如果在公司出現危機的時候，投資者立刻選擇套現（按：以違法手段取得現金利益），然後轉身離開，那就等於給企業來了招釜底抽薪，任何一家企業都無法承受這種壓力和痛苦。

堅持，成功者的必須態度

投資其實是一個雙向選擇的結果，但當需要得到投資的人感覺自己已經走投無路時，或許會覺得無論什麼樣的投資商，自己都只能默默接受，殊不知，一旦接受了不良投資，整個公司都可能走向萬劫不復的深淵。

馬雲對此深有體會。他很清楚，即便是一家營運良好的公司，也可能因為投資商的行為而受到影響，更不要說一家急需資金注入的公司了。因此，在選擇投資商的過程中，他會盡量避免犯下這樣的錯誤。即便公司的處境極為不好，他也能做到仰起頭拒絕。

馬雲和夥伴們在湖畔花園創業四、五個月之後，他們一起籌措的五十萬資金已經所剩無幾。阿里巴巴想要繼續存活下去，必須在短時間內找到合適的投資商。

一九九七年七月時，馬雲連員工的薪水都發不出來了。但是，即便身陷這樣的窘境，馬雲依然沒有盲目的接受投資商投來的錢。實在沒錢發薪水，馬雲便說：「公司沒錢，下個月不發薪水，作為股本增資。錢會有的，是我們要不要的問題。」

阿里巴巴為了生存而艱難前行的時候，馬雲四處遊說，希望能夠獲得一些資金，因此，阿里巴巴的員工經常會接到投資者打來的電話。

浙江的一家民營企業的老闆曾經表達過想和馬雲合作的意向。和馬雲見面協商的時候，那位老闆直截了當的提出了合作要求：「我給你一百萬元，你每年要給我一〇％的利潤，也就是說，明年你要還我一百一十萬元。」

這種類型的風險投資，馬雲是絕對不會接受的，於是他說：「您真是比銀行還黑！」之後就毅然決然的拒絕了投資。

一九九九年的一天，馬雲接到了一個電話，簡單的和對方交談一陣之後，馬雲便帶上當時的財務主管彭蕾一起出去。到了外面彭蕾才知道，馬雲是要帶著她一起去和投資人見面。

馬雲和彭蕾來到投資人入住的酒店，與對方簡單寒暄之後，雙方便進入了談判正題。雙方經過一段時間的溝通之後，彭蕾覺得對方提出的條件還算不錯，基本可以接受。更何況阿里巴巴當時已經一點錢都沒有了，這筆投資可謂雪中送炭，能解燃眉之急，確實很有誘惑力。然而，對方提出的股份分配比例並不能讓馬雲滿意，於是，他對投資方說：「我們要出去走走。」

馬雲和彭蕾走出酒店，沿著樓下的人行道走了幾圈，商量了一陣之後，兩人回到投資方的房間，馬雲對投資方說：「我們認為阿里巴巴的總價值不只如此，你們的看法和我們的看法有著太大的差距，所以看起來我們沒有辦法合作。」

就這樣，馬雲拒絕接受對方的投資，而對方則非常遺憾的說：「你們錯過了一個機會。」

或許在一般人看來，連薪水都發不出來的老闆，是沒有資格挑三揀四的。好不容易有人願意投資，應該立刻接受。馬雲這樣做，不僅會傷害投資者的熱情，讓自己無法獲得應有的投資，也會讓自己的員工寒心，懷疑馬雲是不是真的想要繼續經營公司。無論從哪個角度來看，馬雲做出拒絕的決定都是有百害而無一利的。

但馬雲對此有自己的看法：「我們需要的不是風險投資、不是賭徒，而是策略投資者，他們應該對我們有長遠的信心，二、三十年都不會去賣。兩、三年後就想套現獲利的，那是投機者，我是不敢拿這種錢的。」

馬雲之所以說「不敢拿」，並不是因為他害怕，而是因為他擔心這樣的投資會對公司的長遠發展產生不良的影響。站在公司持續發展的角度來看，這種拒絕雖然對公司的短期營運有所影響，但是未來能夠獲得的紅利是超出很多人想像的。

當投資方遺憾的對馬雲和彭蕾說出「你們錯過了一個機會」時，他們也許不會想到，在十多年之後，阿里巴巴就已經躋身世界五百強。所以說，並不是馬雲錯過了一個機會，而是投資方錯過了一個千載難逢的好機會。

試想一下，如果馬雲當初接受了投資方的條件，那就意味著他認可了投資方對阿里巴巴的定位，貶低了阿里巴巴的總價值。在這樣的情況下，阿里巴巴的發展態勢雖然難有定論，但是一定無法達到今天這種規模。

看看馬雲如今取得的巨大成就，和阿里巴巴在世界範圍內的深遠影響，大家不得不承認，馬雲當初的決定是正確的，他的拒絕為阿里巴巴的發展做出了非常重要的貢獻。

在深陷困境的時刻，馬雲依然能夠將目光放在長遠的未來，而非目光短淺的接受一筆看似不得不接受的投資，這就已經能夠彰顯他的深謀遠慮及其不凡的格局。

雪中送炭，還是趁火打劫？

在現實生活中，無論是選擇投資還是選擇合作夥伴，或是接受其他任何形式的幫助，盲目接受都是不可取的。越是到了你覺得已經山窮水盡，完全沒有理由拒絕的地步，你越要冷靜思考。要知道，接受或許能解燃眉之急，幫助你渡過難關，但是在這之後，你可能要面臨更加漫長的「黑夜」煎熬。

遇到困難的時候，不要只看眼前，而要將目光放得稍微長遠一點。你必須相信，困難只是暫時的，它並不能證明你的人生註定失敗，也不該是你無法拒絕的理由。無論如何，於短期有利、卻於長期有害的建議，你都應該果斷拒絕。

對於每個人來說，困境都不過是成功路上的一個小水坑，就算真的遇到一個大水坑，也不必驚慌失措。所謂「山重水複疑無路，柳暗花明又一村」。當你覺得無路可走的時候，光明也許就在眼前。你得堅持這樣的堅定信念：當下的拒絕，是為了未來更好的明天。有了這樣的態度，再大的困難都不再是困難，再難拒絕的東西你都能對它說：「不」。

7 不在優雅的環境中說拒絕

內心若存在不穩定的情緒，意志力和自我控制的能力就會變弱，衝動的行為會變得更加頻繁。

心理學家認為，聲音會影響我們的意志。嘈雜的聲音會讓人感覺厭煩，而美妙的聲音會讓人沉迷。在厭煩與沉迷之中，人們的表達能力會有所下降。如果你想向對方表達拒絕，就應挑一個安靜的環境，這樣會讓你在表達的時候，情緒更加穩定。

在想要表達拒絕的時候，卻把對方帶到播放著有情調音樂的咖啡廳，會讓人覺得很彆扭。特別是情侶說分手的事情，在那種氛圍中，拒絕的話語可能會更加難以說出口。有的人認為，曾經相愛，即是有緣，既然不愛了，就要好聚好散，給這段感情畫上一個完美的句號，於是選擇了播放著有情調音樂的咖啡廳，作為告別的地方。

顯然這種選擇是有問題的。環境優雅、音樂柔和，這會使人的心變得柔軟，並且能拉近彼此之間的心理距離。在內心如此柔軟的情況下，你如何斬斷情絲，說出分手的話？請回憶一下和對方親密時的情形：是不是聽著柔美的音樂，能逐漸縮短兩個人之間的距離？

優雅、柔和且富有情調的音樂，會使一起聆聽的人增加親密感。因為它具有解除警戒心、不安或緊張的效果。我們在乘坐飛機時，通常在飛機起飛和降落的時候，都會播放一段柔和的音樂，其實也是為了安定人心，緩解乘客緊張的心情。人的心情放鬆，拒絕力也會減弱。

在心理催眠的過程中，催眠師通常會放一些輕音樂，就是為了緩解催眠對象的緊張，卸下其心防。聽情感電臺節目的時候，也會常聽到那種柔和的背景音樂，在這種柔和情調的烘托下，電臺主持人的聲音變得非常好聽，深入人心，結果不少電臺主持人都成為人們心目中的「知心姐姐」、「知心哥哥」。這是因為音樂能拉近我們與電臺主持人之間的心理距離，讓我們感到親切。

在這種親近感的作用下，你又如何表達拒絕？曾經就有這樣的事情：兩個情侶鬧彆扭，大聲嚷嚷著要分手，結果在咖啡廳裡，聽著柔和的音樂，感受著溫柔的心情，回想起過去的時光，兩個人心中的怒火一下子就被澆滅了，頓時沒了分手的念頭。於是告別的話變成了道歉的話，兩個人又和好如初。

在一些精品商店裡面，同樣會播放這樣的輕音樂，目的就是軟化顧客的心，特別是在一些婚紗攝影店，播放輕音樂讓女性朋友頓時就有了想嫁人的衝動，即便不可能立即嫁人，看著那些美麗的婚紗，也想擁有。

而另外一些商場，則不是播放柔和的輕音樂，而是播放激情澎湃的音樂，比如搖滾樂或爵士樂。這些充滿激情的樂曲，會讓人變得十分激動。在這種心境下，人們很容易出現衝動購買的行為，不想買的東西也會買下來。

不過，在這種地方，肩靠肩說著綿綿情話的大概就比較少，所以如果要談分手，這倒是很好的地方。但是你還是要小心一件事情：不要拒絕了情人，卻無法拒絕商人。很多人經歷分手的打擊後，就會想要發洩，這個時候，充滿激情的音樂會加強你發洩的心理，你可能會開始瘋狂購物。

對拒絕效果產生影響的聲音當然不只如此，說話的聲音，也會在一定程度上影響拒絕的表達。高明的演講者都非常善於運用自己的聲音。透過聲音，聽眾可以清楚的感受到其中的激情，並被激情感染：當演講者情緒激憤的時候，聽眾也會跟著激憤；當演講者悲傷的時候，聽眾的心情也會沉重起來。在拒絕的過程中，如果你遭遇到了這種說話高手，就要特別小心，千萬不要因為被對方的聲音感染而失去自主能力，否則，你將無法拒絕。

腳是最誠實的部位

除了聲音的柔和程度會對人的拒絕表達產生影響外，聲音傳播的方向也會在一定程度上影響我們的拒絕表達。心理學家研究發現，來自腳底和頭頂的聲音會使人產生不安感。如果你對此理論有所懷疑，那麼不妨親身去感受一下。將音響放在地上播放音樂，你會發現音樂聽起來更加震撼人心。為什麼會這樣呢？

腳能夠幫助我們逃離現場，一旦腿、腳受到攻擊，就等於破壞了我們逃脫危險的工具，斷絕了我們的後路；而頭部是我們的中樞指揮系統，也是極為重要的地方，頭部受到攻擊會讓我們失去對身體的控制。可能正是出於這樣的原因，與水平方向傳來的聲音相比，人們對來自腳底和頭頂的聲音表現得更加敏感。

內心存在不穩定的情緒，意志力和自我控制的能力就會變弱，拒絕能力也會下降，衝動的行為會變得更加頻繁。

綜上所述，聲音對心理的影響，可能嚴重影響我們的拒絕能力。基於此，我們應該有所把握，如果不能確定哪一種聲音對我們更加有利，那麼最好選擇沒有聲音的安靜場所進行交談，這樣會更加有利於你的拒絕。

後記
答應往往反而成了斷絕往來的開始

在很多人看來，拒絕別人是一件十分難辦的事情。畢竟，如果不是萬不得已，誰願意低聲下氣的求人呢？既然求到自己這裡，就要想盡辦法幫助對方，否則兩人情分何在？相信有如此想法的人不在少數，因為這個原因而無法拒絕的人亦大有人在。顧及情分並沒有錯，但倘若明明做不到的事情，也要因為情分而勉強應承下來，那麼對雙方都是有百害而無一利。

求人者既然開口相求，自然是遇到了僅憑一己之力難以做到的事情。這些事情或困難、或緊急，總之都有一定的挑戰性。除非被求者有遠超過求人者的能力，否則也很難在短時間內找到解決的辦法。

被求者應承下這種事情，難免讓自己平添壓力，如果能夠解決尚且好說，如果無法如預料中那樣順利，那麼對自己的生活將會產生消極的影響。

更有甚者，當此類事情不斷增多，乃至於超出被求者的承受能力時，被求者恐將陷入惡性循環之中。

被求者面對的這一切，求人者往往並不會知道。畢竟願意勉力應承下來的人，往往不願讓人看到自己無能為力的一面。於是，求人者看到的只有未能兌現的承諾或是未能完成的事情。一旦如此，求人者自然會對被求者發出質疑甚至責難，而被求者心中難免充滿委屈。當雙方發生爭執的時候，情分便沒有存在的空間了。

所以說，因情分而應承過多，有時不僅無法讓雙方情分更濃，反而可能讓雙方從此走向陌路。如果是自己做不到的事，倒不如一開始就果斷拒絕，只要被求者闡明立場，給出理由，相信求人者會能夠理解，而且對雙方的情分不會有太大損傷。所以說，該拒絕時必須果斷拒絕，這是為了延續情分，而非不顧彼此的情分。

國家圖書館出版品預行編目（CIP）資料

99%的人輸在不懂拒絕：拒絕的話要怎麼說，你優雅，他溫暖；或只用一個動作，對方就自動放棄又不傷和氣／李勁著；
--初版-- 臺北市：大是文化, 2019.12
272面；14.8 × 21公分. --（Think；185）

ISBN 978-957-9654-28-9（平裝）

1.說話藝術 2.口才 3.人際關係

192.32 108010680

Think 185

99%的人輸在不懂拒絕

拒絕的話要怎麼說，你優雅，他溫暖；或只用一個動作，對方就自動放棄又不傷和氣

作　　者／李勁
責任編輯／蕭麗娟
美術編輯／張皓婷
副總編輯／顏惠君
總 編 輯／吳依瑋
發 行 人／徐仲秋
會　　計／林妙燕
版權經理／郝麗珍
行銷企劃／徐千晴
業務助理／王德渝
業務專員／馬絮盈
業務經理／林裕安
總 經 理／陳絜吾

出 版 者／大是文化有限公司
臺北市 100 衡陽路 7 號 8 樓
編輯部電話：（02）23757911
購書相關資訊請洽：（02）23757911 分機 122
24 小時讀者服務傳真：（02）23756999
讀者服務 E-mail：haom@ms28.hinet.net
郵政劃撥帳號／ 19983366 戶名／大是文化有限公司

法律顧問／永然聯合法律事務所
香港發行／里人文化事業有限公司 “Anyone Cultural Enterprise Ltd”
地址：香港新界荃灣橫龍街 78 號正好工業大廈 22 樓 A 室
22/F Block A, Jing Ho Industrial Building, 78 Wang Lung Street,
Tsuen Wan, N.T., H.K.
電話：（852）24192288
傳真：（852）24191887
E-mail：anyone@biznetvigator.com

封面設計／ Patrice
內頁排版設計／ Judy
印　　刷／鴻霖印刷傳媒股份有限公司
出版日期／ 2019 年 12 月初版
定　　價／新臺幣 340 元（缺頁或裝訂錯誤的書，請寄回更換）
ISBN 978-957-9654-28-9